JN042710

英語バカのすすめ

私はこうして英語を学んだ

横山雅彦 Yokoyama Masahiko

★——ちくまプリマー新書
348

目次 * Contents

はじめに

僕はいま、兵庫県三木市《みきし》に本部を置く関西国際大学で英語を教えています。着任してすぐ、僕は学生たちに、「今のスコアは問わない。必ずＴＯＥＩＣのスコアを倍にする。満点を取らせる」と宣言しました。

ＴＯＥＩＣを主催する国際ビジネスコミュニケーション協会（ＩＩＢＣ）のデータによると、難関大も含めた日本の大学のＴＯＥＩＣ　ＩＰテスト（団体特別受験制度）の平均スコアは４５４点だそうです。３００点以下ではいわゆる団子状態になって差が出ないため、多くの大学が、より簡単で短いＴＯＥＩＣ Bridge Testを利用しています。

これは、現行の大学の英語教育がまったく機能していないことを物語っています。実際、大学用のＴＯＥＩＣの教科書は、ほとんどすべてが目標スコアを５００―６００点に置いており、それ以上のレベルの教科書は、全社合わせて一冊しかありません。要するに、作っても売れないのです。ある出版社の話では、「卒業までに５００点を取らせることができたら大成功」というのが、英語を担当する大学教員の本音だということです。

ですから、冒頭の僕の言葉を信じる人は、もちろん誰もいませんでした。しかし、そのわずか一年後、すでに800点台や900点台が続出しています。高校時代は野球やサッカーに全力投球し、英語はゼロからスタートした学生も多くいます。

「どうやって学生たちの英語力を伸ばしたのですか」と、よくたずねられます。僕は特別なことは何もしていません。僕が学生たちに言い続けたのはただ一つ、「英語バカになれ」ということでした。

「バカとはけしからん」とおっしゃるかもしれません。しかし、僕の学生たちは、僕と一緒に汗まみれになり、泥まみれになりながら、英語バカになって英語と格闘するうちに、ある者はアメリカの歴史に、ある者はアジアの近代化問題に、そしてある者は身体論にと、知らないうちに英語〝を〟学ぶことから、英語〝で〟学ぶことへと関心を広げています。TOEICのスコアアップは、その道中についてきた「おまけ」にすぎません。

そして、実は僕自身が、誰よりも英語バカでした。ここに記すのは、僕の自伝的英語史であり、英語を習得したいと願うみなさんへの「英語バカのすすめ」です。

最後に、僕の英語人生は、父横山享仁《よこやまたかひと》、母美佐子《みさこ》がいなければあり得ませんでした。今はなき最愛の両親に、この本を捧《ささ》げます。

第1章　アメリカ研究と英語教育

●僕は「純ジャパ」

僕の郷里は兵庫県三木市《みきし》で、六甲山《ろっこうさん》を越えた神戸市の北隣の小さな町です。僕が生まれ育ったのは、その小さな町のさらに小さな村です。

そんな村で、僕が英語と出会ったのは中学一年生のときです。以来四二年、実は僕には留学経験はありません。それどころか、僕の海外経験は、五五年の人生において三〇日あまり——一九歳（大学二年生）の夏にアメリカでホームステイをした三週間、そして三七歳のときに空手指導で回ったフランス七日、メキシコ五日、帰路に立ち寄ったアメリカ二日です（僕は空手道師範でもあります）。

一九歳のときのホームステイは、自分自身の語学研修ではなく、中高生数名を引率する業務として参加しました。はじめての海外、はじめてのアメリカで、出入国管理からさまざまな交渉、通訳まで、たった一人ですべてをこなしましたが、まったく英語で困るということはありませんでした。

資格試験では、大学二年で英検一級に合格、大学三年でTOEFL 640点を取得していま す。英検は教職課程、TOEFLはECC外語学院の講師採用のために受けたものですが、いずれもまったく勉強をせずに、ぶっつけ本番で臨みました（大学院修士課程二年のときにフルブライト奨学金に応募した際のTOEFLは満点の677点です）。また、TOEICは一九九〇年にECCで求められて受験し、やはり対策なしで満点（990点）を取得しました。

「純ジャパ」という言葉があるそうです。「純粋なジャパニーズ」の略で、「海外居住経験ゼロで英語をマスターした人」のことを言うそうですが、それなら僕はまごうことない「純ジャパ」の日本人英語学習者です（ちなみに「純粋なジャパニーズ」をそのまま英語にして〝pure Japanese〟と言うと、エスニシティを意味してしまい、非常に大きな誤解を招きます。危険な「和製英語」の一つです）。もちろん、それからもずっと英語を勉強していますから、TOEIC満点を取った三〇年前の僕より、今の僕ははるかに英語ができます。

二〇一〇年あたりから、日本では空前の英語資格ブームが起こっています。多くの企業で（大学や大学院の入試においてさえ）英語力の指標として英検やTOEICが使われ、英検一級やTOEIC満点ともなると「神！」などと崇《あが》められます。

しかし実際には、英検一級やTOEIC 990点程度では、英語による高度なコミュニケーションはできない、というのが、僕の正直な印象です。むしろ、英検一級やTOEIC990点でやっと英語のプロの戸口に立つことができ、そこから本当の英語コミュニケーションが始まると言ってもいいと思います。

●英語力があるとはどういうことか

実は、こうしたことは、僕が大学生だった一九八〇年代にはむしろあたりまえの認識でした。当時、僕も含めた全国の大学ESS（英語研究会）のメンバーが、もっとも大きい影響を受けたロールモデルのお一人に、「英語《えいご》道《どう》」を提唱された同時通訳者の松本《まつもと》道弘《みちひろ》先生がおられました。先生の「英検一級では使い物にならない」という言葉に、われわれはみな熱狂し、奮い立ったものです。

松本先生によれば、英検一級までは「白帯英語」で、その先に英語道の初段があり、そこからが「黒帯」、さらに二段、三段、四段へと上がっていくのですが、一九七九年に出版され、大学ESSメンバーのバイブルとなった『私はこうして英語を学んだ』（実業之日本社）では、当時の松本先生は四段ホヤホヤだという説明でした。

『英語達人列伝――あっぱれ、日本人の英語』（斎藤《さいとう》兆史《よしふみ》、中公新書）を読むと、かつての日本には、新渡戸稲造《にとべいなぞう》や岡倉天心《おかくらてんしん》、斎藤秀三郎《さいとうひでさぶろう》、岩崎民平《いわさきたみへい》など、英米人も舌を巻くほどの英語力をもった「海外居住経験ゼロ」の日本人が綺羅《きら》、星のごとく存在していたことに驚かされます。岡倉天心が弟子の横山大観《よこやまたいかん》とボストンの街《まち》を歩いていたとき、東洋人に対する侮蔑《ぶべつ》的な言葉を浴びせかけられ、とっさに見事な英語で切り返した逸話は、天心の英語力が、現在の英検一級やＴＯＥＩＣ満点どころのレベルではなかったことを、よく物語っています。

『英語達人列伝』は、もっぱら明治生まれの英語達人を紹介していますが、実は日本人の英語が最高のレベルに至ったのは、彼らの次、またはその次の世代、すなわち第二次世界大戦後から一九六〇年代中ごろまでに大学生活を送り、英語を学んだ人たちです。

そのような英語達人のお一人が、僕の恩師で、一九七四年から一九七六年までＮＨＫ「テレビ英語会話」中級を担当された東京外国語大学教授の小浪充《こなみたかし》先生でした。日本を代表するアメリカ研究者として知られた先生の英語は、文字通り、日本人が行き着いた最高峰であったと思います。

僕は一九九二年に東京外国語大学の大学院に入学し、小浪先生のゼミ生になりましたが（一九九一年には研究生として上京していました）、先生の英語力は途方もなく、すでに英検一級、ＴＯＥＩＣ満点だった僕でも、まったく相手になりませんでした。

明治はおろか、昭和の時代と比べてさえ、格段に英語学習環境が豊かになったはずなのに、日本人の英語力は、はるかに低く劣ったものになり、そのスケールも非常に小さくなってしまっています。今の日本に、かつて存在した「英語の巨人」がいなくなってしまったのは、なぜなのでしょうか。

僕には、その理由は、日本の近代化の過程と関係があるように思えます。日本の近代化は、言うまでもなく明治維新に始まっていますが、「和魂洋才《わこんようさい》」のスローガンが示すように、文化面では伝統的価値を保持するというスタンスが取られました。したがって、より完全な近代化は次の段階、第二次世界大戦後の連合軍による占領下の改革まで持ち越されることになります。

●戦後英語教育のはじまり

この足取りは、そのまま日本における英語教育の歴史でした。明治から昭和戦前までの英語学習が主としてイギリス英語をモデルとしたのに対し、戦後はもっぱらアメリカ英語が学ばれます。

戦後日本の英語教育は、アメリカ研究と表裏一体の関係にありました。日本で本格的なアメリカ研究が始まったのは一九五〇年代、東京大学においてですが、その目的は歴然としていました。すなわち、現代世界のペースセッターとしてのアメリカ特有の理念や制度、人々の価値観や生き方を学び、それを日本の民主化や自由経済化に生かしていくということです。その根底にあったのは、戦前の日本はあまりにもアメリカを軽視しすぎたという反省でした。第二次世界大戦に至る歴史において、アメリカ文明の持つ力に対する無知が、いかに多くの人びとの犠牲をもたらしたかという問題意識が、その出発点にあったのです。

戦後日本人にとって、英語を学ぶことはそのままアメリカを学ぶこと、アメリカを学ぶことはそのまま英語を学ぶことでした。戦後日本のアメリカ研究を牽引《けんいん》してきた東京大学アメリカ科の教員が、同大学の教養英語を担当してきたという事実が、このことをよく物語っています。

戦後日本の英語教育のあり方を、もっとも象徴的によく表しているのは、ＮＨＫのラジオやテレビの英語教育番組です。実際、一九七〇年代までに制作されたＮＨＫのラジオ番組やテレビ番組の内容は、アメリカ研究としての性格を際立たせています。

この時期の英語教育は、ちょうど日本におけるアメリカ研究の段階の「第一期」と呼応しています。すなわち、民衆レベルではじめてアメリカ文明と接触し、ハングリーにそのすべてを吸収しようとした「イマージョン」(immersion) の時代です。

終戦の翌年、連合軍の占領下で始まったＮＨＫ「ラジオ英語会話」の初代講師は、ＮＨＫ国際部のアナウンサーであった平川唯一《ひらかわただいち》先生ですが、「生きた言葉としての英語には、デモクラシーの神髄が含まれている」というのが、平川先生の信念でした。そして、平川先生の通称「カムカム英語」を通じて、日本中の老若男女がアメリカン・ライフスタイルに触れ、まだ見ぬ「自由と民主主義の国」アメリカに憧れを募らせたのでした。

「カムカム英語」の由来は、童謡《どうよう》「証城寺《しょうじょうじ》の狸囃子《たぬきばやし》」のメロディーに乗り、“Come, come, everybody.”で始まるテーマ曲です。平川先生は「カムカムおじさん」の名で親しまれ、連合軍最高司令官のダグラス・マッカーサー、そして当時の首相だった吉田茂《よしだしげる》と並ぶ「戦後日本の三大有名人」の一人となりました。

以前、母に「カムカム英語の歌を知っているか」とたずねたら、“Come, come, everybody. How do you do, and how are you?”とすらすら口ずさんで、とても驚いたことがあります。昭和一六年(一九四一年)生まれの母は、放送開始時で五歳、終了時でも一〇歳ですから、まさに国民的愛唱歌だったのだと思います。

占領軍と入れ替わるように、平川先生からバトンを受け、一九五一年から二一年間、「ラジオ英語会話」を担当した松本亨《まつもととおる》先生は、アメリカでキリスト教神学を学び、長く宣教師を務めて帰国された方でした。松本先生は、「アメリカ研究としての英語会話」という方向を、よりいっそう鮮明に打ち出します。スキットの登場人物に「民主主義社会においてあるべき市民の姿」を語らせ、それをリスナーに音読させることで、平川先生時代よりも一歩進んだ「英語による民主化教育」が目指されたのでした。

他方、「テレビ英語会話」でも、一九六一年から一六年間、「カムカム英語」の熱心なリスナーだった田崎清忠《たざききよただ》先生が「初級」を担当されます。ミシガン大学で学んだ最新の英語教育法を引っさげ、番組の中で田崎先生が紹介されるさまざまなアメリカン・ライフスタイルは、本当に輝かしく魅力的に映ったのです。

●変わりゆく英語学習の目的

一九七〇年代に入ると、日本のアメリカ研究は「第二期」に入ります。「イマージョン」の時代にがむしゃらに学んだアメリカの歴史や文化、アメリカ的な思想を総合し、やや醒《さ》めた目で、より主体性をもって全体としてのアメリカ文明を理解しようとする「オムニボア」(omnivore) の時代と言っていいでしょう。

個人レベルにおける通常の異文化理解としての英語であれば、実は第一期で十分にその目的を果たしています。というより、第二期に進んでいくのは、なかなか容易なことではありません。この時期、「イマージョン」から「オムニボア」の段階に進んでいった人たちこそ、日本史上最高峰の英語の使い手たちであり、一九六〇年代から大学の教壇に立ち、アメリカ研究の講座を担当した研究者たちです。彼らはみな、たった一人でアメリカ文明の総合理解を背負い、アメリカのすべてを論じてみせよう、という気概に満ちていました。

一九七〇年代の中ごろ、國弘正雄《くにひろまさお》先生と小浪充先生が担当されたＮＨＫ「テレビ英語会話」の中級（日本人の担当としては最上級）は、「オムニボア」の時代に生まれた英語教育番組の代表でした。総合的アメリカ研究としての英語教育の、まさに全面的開花を見たものです。

とりわけ、政治学や経済学、国際関係論といった分野の第一線に立つアメリカ人研究者を招き、丁々発止《ちょうちょうはっし》の討論を繰り広げた小浪先生の「テレビ英語会話」中級は、文字通り大学院レベルでの、英語によるアメリカ史やアメリカ事情の講義でした。この「オムニボア」の時代こそ、日本人の英語が最高レベルに達した時期だったと、僕は思います。

しかし、「オムニボア」の時代は、そう長くは続かず、一九八〇年代に入ると、すぐに

「第三期」、すなわち「リストラ」（restructuring）の時代がやってきます。

まず、不離一体の関係にあった「アメリカ研究」と「英語教育」が分かれていきます。これは、言うまでもなく、日本が一定の民主化と自由経済化を果たしたためです。英語教育が、それまで自明のこととされてきた「アメリカ研究としての」という目的を失ったのです。

一九八〇年代の英語学習者にもっとも大きい影響を与えたのは、間違いなく東後《とうご》勝明《かつあき》先生と松本道弘先生のお二人でしょう。東後先生は一九七二年から一九八五年まで「ラジオ英語会話」を、松本先生は一九七七年から一九八〇年まで「テレビ英語会話」中級を担当されています。

東後先生も松本先生も、松本亨先生をメンターとし、ともに「海外居住経験ゼロ」で英語をマスターされた方ですが、お二人の番組からは「アメリカ研究としての英語教育」という色彩はほぼ完全に消えています（松本道弘先生の場合は、ディベートを通じて英語の「ロジック」を学ぶという立場で、日米比較文化論、つまり狭義のアメリカ研究であったとも言えます）。

松本先生の『私はこうして英語を学んだ』と同じく、東後先生も『英語ひとすじの道』という自伝的英語史を出しておられます。やはり、そこに共通して見られるのは、「オムニボア」の時代を特徴づけたアメリカ研究を目的とする英語学習ではなく、英語を学ぶことそれ自体が目的化した「英語道」です。

お二人においては、英語がいわば「無目的的」に「修行」されています。英語学習が、人格を磨き、完成させる一つの道、死ぬまで終わることのない英語修行の「道」に昇華されているのです。

これは、戦後の日本が一応の近代化を果たし、「アメリカに学ぶ」という大義名分を失った「リストラ」の時代において、それでも英語を極めようとするなら、当然行き着くべき学習者のあり方だったと言えます。ただ、このことを説明するためには、ふたたび日本の近代化の過程を振り返らなければなりません。

●日本の近代化と英語教育

実は、近代化と英語化は、ほとんど異名同実《いみょうどうじつ》です。今日の世界において、近代化のモデルとなる国がアメリカであることは言うまでもありませんが、アメリカ文明の中核にあるのは「功利主義思想」です。アメリカが独立した一七七六年に、アダム・スミスの『国富論《こくふろん》』が出版され、さらにアメリカが憲法制定会議に至るいわば陣痛を経ていた頃、ベンサムの「最大多数の最大幸福」という命題を含む功利主義思想が体系を持って登場しています。この意味で、アメリカは文字通り「功利主義とともに生まれた国」でした。

　功利主義は、もともと西洋が生んだ思想ですから、その受け入れは、西洋諸国ではあまり問題にはなりませんが、非西洋的な言語文化を持つ地域、とりわけアジア諸国には、その前提となる語彙《ごい》や概念がありません。そこで、近代化の必然的要請として「文明の言語」、すなわち英語が公用語化されます。英語を使わなければ、近代化することができません。言い換えれば、英語が使えるごく一部のエリートだけが、近代文明の恩恵を享受することができるわけです。

　もちろん、明治以前の日本語にも、近代文明に必要な語彙は存在しませんでした。ここで、明治の知識人たちは、前代未聞のはなれわざをやってのけます。すなわち、「現代文」の創出です。彼らは、幕末維新期というごくわずかのあいだに、漢字による翻訳によって、近代文明に必要な言葉を作り出したのです。

「政治」「経済」「社会」「宗教」「自然」「宇宙」「科学」「自由」「論理」「音楽」、意外なところでは「愛」など、このとき作られた語彙はざっと一万です。「愛」は戦国時代の武将、直《なお》江《え》兼続《かねつぐ》の兜《かぶと》にあしらわれているではないかと思われるかもしれません。しかし、かつては「愛しい」と書いて「うつくしい」と読んでいました。“love”の訳語としての「愛」は、明治期に作られたものですし、〝nature〟の訳語として「自然」という言葉が生まれたのも明治です。英語の〝nature〟は、「文明によって征服され消費される資源」ですが、本来の日本語で「自然」と書くと「じねん」と読み、「おのずから」という意味でした。さらに、「〇〇的」という日本語も、英語の〝-tic〟を音訳した新造漢語です。適当な漢字がない場合は、カタカナで新しい言葉を用意しました。

日常会話に必要な語数は約二〇〇〇ですから、現在われわれが使っている日本語の語彙のほとんどすべてが、英語から訳された新造語であり、「現代文」と「古文」は、ほとんど別の言葉です。よく戦国時代や幕末にタイムスリップするドラマや漫画がありますが、実際には会話が成立しないでしょう。現代英語の話者が、徳川家康とほぼ同時代のシェイクスピアの英語を問題なく読めることと、まったく対照的です。

現代文の創出は、英語によらないだけでなく、大衆レベルでの高度な近代化を実現しました。そもそも非西洋諸国において、母語で学校教育を受け、大学から大学院まで、西洋由来の学問を修めることができるのは、日本だけです。同じく非西洋諸国において、英語に頼ることなく――しかもアメリカに次ぐ水準で――ノーベル賞受賞者を輩出しているのも、日本だけです。

これは明治の知識人たちのきわめて大きな貢献でしたが、同時に、日本人にとっての英語を非日常的な「道《みち》」にし、その学習を「修行」にしてしまいました。スポーツや武道、芸術など、さまざまな「道」がありますが、それらのほとんどに共通するのは、そこで身につける技術が、日常生活において、直接的には何の役にも立たないということでしょう。

●英語修得も「道」だ

たとえば、武道が想定しているのは、日本人がまだ下駄《げた》や草履《ぞうり》を履き、髷《まげ》を結い、着物に脇差《わきざし》や刀をさしていた江戸時代までの実戦状況です。もちろん、生活が西洋化した明治以降の日本に、そのような日常はありません。武道の修行者は、一生涯使うことのない「技」を、日々稽古していることになります。彼らが実際に「戦う」とすれば、「試合」のみですが、それは現実には決して起こり得ない「バーチャル」な戦いです。

書道しかりです。日常に毛筆を持つ機会はまずなく（冠婚葬祭の記帳か熨斗《のし》書き程度ですが、そのほとんどが筆ペンです）、ワープロの普及で鉛筆やペンを持つ機会すら減っています。書の練習で身につけた技法を発揮する場は、やはりバーチャルで非日常的な展覧会しかありません。

今日、これほどさかんに英語の必要性が叫ばれながら、実際には、日本人の一割も英語を必要としていないという言語社会学の研究があります。ショッピングや電話、道案内など、「日常会話」や「実用英語」と呼ばれるものが想定する「シチュエーション」は、実際には、日本人の現実の「日常」には存在せず（われわれはそれらを日本語で行っています）、その意味では、これほど「非実用的」なものはありません。つまり、「バーチャル日常会話」であり、「バーチャル実用英語」なのです。

僕自身、「日常会話」の決まり文句を熱心に暗記し、英会話学校では生徒に教えもしましたが、これまで日本でそれらを口にしたことは、ほとんどありません。つまり、もしかしたら一生使うことがない、あるいは使っても二、三度かもしれない英語を、その「いざ」というときのために、多くの日本人は必死で学んでいることになります。日常生活で使うことは決してない「技」や「テクニック」を、日々練習している武道家やスポーツマンと同じです。武道やスポーツの「試合」、書道の「展覧会」にあたるのが、さしずめＴＯＥＩＣや英検などの資格試験でしょうか。

「道」である以上、取り組み方は人それぞれですが、もしそれを本気で極めたいと思うなら、常住坐臥《じょうじゅうざが》、ご飯を食べているときも、お風呂に入っているときも、電車に乗っているときも、車を運転しているときも、常に忘れずそのことを考えているくらい、不断に上達の努力をしなければならないことは、何か一つでも習いごとをしたことのある方なら、きっとうなずいてくださるはずです。だからこそ、スポーツで大成するアスリートには、しばしば「親孝行をしたい」とか「お金持ちになりたい」など、何らかのハングリーな動機があるのです。

日本の近代化が始まった明治維新から昭和戦前までは、文字通り、一般人が英語を学ぶ必要は皆無で、その高度な習得の必要性に当面したのは、言うまでもなく、英語を日本語に翻訳する役目を担った知識人だけでした。彼ら明治の知識人こそ、『英語達人列伝――あっぱれ、日本人の英語』に登場する英語達人たちです。彼らは文字通り、「翻訳」というハングリーな動機に支えられ、刻苦《こっく》勉励《べんれい》して英語を身につけたわけです。

そして、戦後には全国民が英語に触れるようになります。民主主義教育（すなわちアメリカ研究）の重要な一環として、学校教育でも英語が必修化されました。しかし、一歩学校の外に出れば英語環境などないわけで、当然、学校の授業だけでしか勉強しない者、その中でも英語が得意な者、苦手な者、あるいは家で「カムカム英語」を聞き自主的に勉強する者など、他の科目同様、その取り組みは多様でした。日常言語ではないのですから、「習いごと」になるのは当然のことです。

そこで教えられたのは、もちろんほとんどの日本人には無縁の「バーチャル英語」でしたが、戦後日本人は、英語を通して生活情報も含めたアメリカの文化全般を学んでいた――いわば「バーチャル体験」していたわけで、そこに出てくる会話や表現が「非日常」であるのは、むしろ当然のことだったと言えます。そして、「アメリカに学ぶ」という熱いパトスに支えられ、ごく限られた少ない情報の中、貪欲にアメリカを求め、英語学習に刻苦勉励した人たちが、「オムニボア」の時代の英語達人となったのです。

●迷走する英語教育

英語教育が迷走し始めるのは、一九八〇年代、「リストラ」の時代に入り、アメリカ研究と英語教育が切り離されてからです。明治以降、もともと非日常的な「道」であった英語が、戦後に与えられた明確な教育目的を失い、ついに「英会話が趣味です」と答える日本人が現れるのです。

アメリカに目を転じると、一九六〇年代初頭までに、サービス産業部門が国民総生産で見ても、就業労働人口で見ても、その五〇パーセント以上を占めるようになり、世界で最初の「サービス経済時代」が出現、いわゆる「脱工業社会」が到来していました。日本が脱工業化するのは、アメリカより遅れること二〇年、一九八〇年代のことです。ちょうど、日本における英語教育の「リストラ」の時代と重なります。

「オムニボア」の時代をすぎてなお、「せめて英語くらいできなければ」という英語信仰が続いた（むしろ過熱していった）のは、このグローバルな情報化時代の到来があったからです。日本人には「現代文」があり、英語を使わずに近代文明の恩恵を蒙《こうむ》ることができるとは言っても、それはあくまで翻訳があることを前提とした話です。たとえば、インターネット上でもっとも多く用いられている言語は、言うまでもなく英語です。英語が使えるなら、それらの生々しい情報に直接アクセスできるわけです。

英語公用語化も文科省による英語教育改革も、こうしたグローバルな情報化時代の要請によるものですが、軽々に英語を公用語化することには、僕は断じて反対です。世界に類を見ない母語による近代化を成し遂げ、英語によらないノーベル賞受賞研究を可能にした「現代文」という明治の知識人たちの遺産を、決して捨ててはならないと思います。問題は、その上でいかに英語を習得するか、です。

「リストラ」の時代に入り、今日まで、文部省（文科省）は、そのときどきの欧米発の最新の英語教授法を取り入れながら、試行錯誤を繰り返してきました。しかし、日本人にとっての英語は「道」なのですから、どれほど学校で授業を受けてもせいぜい数時間、学校の外で刻苦勉励しなければ、マスターできるはずがありません。

たとえば、書道でも、ただ週に一度、学校の習字の授業で習うだけでは、「たしなみ」程度にはなっても、まず上達は望めないでしょう。本気で書の道を求めるなら、書道部に入ったり、町の習字教室や書道教室に通ったりし、さらにその上に、自宅でも何時間も練習するはずです。寝ても覚めても、書作品の制作のことばかり考えているはずです。

それと同じで、文科省が学校教育をどう工夫しようと、日本人がそれだけで高度に英語を使えるようになることは決してあり得ません。明治以降の日本人にとって、英語は非日常的な「道」なのです。

刻苦勉励を支える具体的な動機なく、それでも常住坐臥、非日常的な「道」を修行し、それをものにできるとすれば、他の「道」同様、「好きで好きで仕方がない」ということしかありません。「好き」に理由はないものです。つまり、無目的的な「修行」であり「稽古《けいこ》」です。「リストラ」の時代のNHK英語会話を象徴する講師が、『英語ひとすじの道』の東後勝明先生や、「英語道」の松本道弘先生であったことは、決して偶然ではありません。

とは言え、東後先生や松本先生は、「イマージョン」の時代の松本亨先生、「オムニボア」

の時代の國弘正雄先生や小浪充先生に決して引けを取らない「英語の巨人」でした。「海外居住経験ゼロ」でTOEIC満点や英検一級をはるかに超える英語力を身につけた方々です。

●知の細分化が招いたのは

事態を複雑にさせたのは、一九九〇年代にかけ、さらなる「リストラ」が進んだことです。切り離されたアメリカ研究と英語教育のそれぞれが、著しく多様化し、専門化していきます。アメリカ研究は、政治、経済、社会、言語、宗教、民族事情、文化など、細かい専門分野に分かれ、それらがさらに細分化していきます。たとえば、民族事情（エスニック研究）ひとつをとってみても、黒人、ヒスパニック、アジア系、先住民など、さらにここに時代研究が加わって、ほとんど無限に広がっていきました。

しかも、これらの細分化したアメリカ研究は、たとえばアメリカ経済研究は経済学に、アメリカ政治研究は政治学に、あるいはアメリカ宗教研究は宗教学にと、それぞれの学問に取り込まれ、アメリカ研究は文学と歴史を中心とした限られた専門分野に、見る影もなく痩せ細ってしまいます。まさに「リストラ」ないし「ダイエット」を果たしてしまうのです。

もちろん、同じように英語教育も細分化し、専門化していきます。学問分野としては「言語学」ですが、音声学、音韻論、統語論、語用論、比較言語学、文字論、意味論、応用言語学（英語教育）など、非常に多くの細かい専門分野に分かれました。

一般の英語学習においても、本来、密接につながっていて、切り離せないはずの英語という一つの言葉が、「読み・書き・聞き・話す」の「四技能」に分かれ、それぞれの専門家が登場します。「英文法の先生」、「精読の先生」、「長文読解の先生」、「英会話の先生」といった具合です。さらに「受験英語」なるものまで登場し、「受験英語の先生だから英語は話せない」という、本当なら笑えない話すら、ほとんど常識のようになってしまいました。

こうした「知」の専門化・細分化は、皮肉なことに、「アメリカ研究としての英語教育」が必死で目指した「民主化」の帰結でした。戦後民主主義の理論的支柱は、「すべての価値や信条（学問的立場も含めて）は、それぞれに尊重されなければならない」という価値相対主義です。この立場に立てば、諸学問分野が縦割りになって、交わりを失っていくのは、当然のことです。

一九八〇年代後半から一九九〇年代初頭にかけて、こうした「タコツボ専門化」にあらがい、「学際研究」や「地域研究」の名のもとに、諸学問を横断する形でふたたび総合しようとする試みも登場します。

しかし、少なくともアメリカ研究においては、「オムニボア」の時代の総合的アメリカ理解への貪欲さも情熱も必然性もすでになく、しかも、この価値相対主義を乗り越えようとする新しい総合の試みは、ほかならぬ価値相対主義によって相対化されてしまいます。「学際研究」や「地域研究」という名の新しい一つの専門分野になってしまったのです。この専門化・細分化は、情報のグローバル化の進展とともに、ますます加速化しています。

「オムニボア」の時代の國弘正雄先生や小浪充先生は、まさしく「英語の巨人」であり、「知の巨人」でした。全世界に責任を負うことができる真の意味での「知識人《インテリゲンチャ》」であったと思います。戦後日本が生んだ全方位的で巨大な「知」は、逆説的にも、その帰結としての価値相対主義によってバラバラにされ、「知識人」と言えば、狭い専門知識のテクノクラートばかりになってしまいました。

國弘先生や小浪先生のように「天下国家」を論じる気概を持った真のインテリゲンチャが出にくくなった背景には、価値相対主義のほかに、大学の大衆化と国民の高学歴化もあります。要するに、研究者の数が増えすぎて、細かい役割分担をせざるを得なくなったのです。

これもまた、戦後日本人が英語を通じて懸命にアメリカを目指し、「自由」を求め、「自己実現」を求め、「豊かな生活」を求めてきた近代化への努力の論理的帰結だったというのは、実に皮肉なことだと思います。

僕が英語を学び始めたのは、ちょうど日本社会の英語教育が「オムニボア」から「リストラ」の時代に差しかかる頃です。東後勝明先生と松本道弘先生が、この時期の代表的な英語の先生であったことはすでに述べましたが、「リストラ」の時代らしく、お二人とも「英会話の先生」で、東後先生は「発音の専門家」、松本先生は「ディベートの専門家」という受け止められ方をしていたと思います。

しかし、東後先生も松本先生も、英語達人の名にふさわしい四技能のオールラウンダーでした。「英会話の先生」ではありますが、話される英語は「言文一致《げんぶんいっち》」で、そのまま活字になるほど格調高く、書かれる英語は、語彙レベルでも構文レベルでも、英語ネイティブが舌を巻くものでした。

東後先生は、その美しい発音で全国の英語学習者を魅了しました。アメリカ人やイギリス人を脇に従え、堂々と自ら発音のモデルを示し、英語を読み話して聞かせました。全国の学習者たちは、アシスタントのアメリカ人やイギリス人の英語ではなく、東後先生の英語をこそ聞きたいと、ラジオの前で耳を澄ませました。

また、松本先生の国際事情や日米比較文化論に関する知見は、会議通訳者としての「実戦」の中から得られた荒々しいものではあるものの、「オムニボア」の時代の知識人と比べて、決して遜色《そんしょく》のないものでした。

その後、「リストラ」がさらに進んだ今の日本からは、東後先生や松本先生のようなオールラウンドなロールモデルはいなくなり、語学番組の担当者も現場の教師も、単なるネイティブ英語の「解説者」になってしまいました。僕には、このことが、現在の大学の――いや、日本全体の英語教育が機能不全に陥ってしまっている一番の理由ではないかと思えます。「オムニボア」の時代には明確だった英語を学ぶ目的をなくし、日常に英語環境のない日本において、英語を習得する方法は、東後先生や松本先生が求めた「英語道」を取り戻すことしかありません。だからこそ、僕は「英語バカ」になることをすすめたいのです。

●英語バカのすすめ

「英語バカ」と言うとき、僕のイメージにあるのは、かつて一九七〇年代に日本中の少年たちのあいだで空手ブームを巻き起こしたマンガ『空手バカ一代』です。主人公の「空手バカ」大山倍達《おおやまますたつ》先生は実在した空手家ですが、実際には、さまざまな格闘理論だけではなく、空手を生み出した沖縄の文化や思想、空手を変容させた本土武術の歴史、さらには現代世界の政治や経済にも精通しておられました。

「バカ」とは、好きで好きで仕方がなく、「三度のメシより好き」ということです。心の底から空手が好きで、全身全霊で空手に向かっていくなら、その関心は「今日の空手をつくったもの」に向かっていくはずです。空手だけにとどまっているはずがないのです。

英語も同じです。英語を客体化するのではなく、「学ばれる主体」とし、それと「学ぶ主体」である自分がぶつかり合えば、英語学習は英語だけの学習にとどまっているはずがありません。英語には話されてきた歴史があり、地域があり、それを話す人々が生きてきた数え切れないほど多くの「生」があります。本気で英語が好きなら、やがてそれらを知りたいと、心の底から願うようになるはずです。必ず、「オムニボア」の時代の全方位的で総合的なアメリカ研究を取り戻すことができるはずなのです。

英語を日常言語としない日本で英語を学ぶには、すべての「道」と同じ、大変な苦労が伴います。自然な状態では英語を聞いたり話したりする機会はありませんから、「自然に楽しく」身につけることなどできません。

しかし、スポーツでも武道でも、外目から見れば難行苦行でも、「大好き」なら、「楽しくて仕方がない」ものです。僕の勤務する大学で、大きくＴＯＥＩＣのスコアを伸ばした学生たちに共通するのは、みんな英語が「大好き」になってくれたということです。そうすれば、自然に英語を勉強します。勉強しないではいられない。そうなれば、しめたものです。放っておいても、TOEIC高得点など、すぐそこです。

そして、そのために何より大切なのは、教師自身が「英語バカ」であり、学生たちにその姿を示す「ロールモデル」でなければならないということです。

僕自身の専攻は、アメリカ史であり、アメリカ事情です。しかし、「英語の先生」だと、誇りを持って自己紹介します。決して最初からアメリカを研究しようと思っていたわけではなく、大好きな英語に一生懸命打ち込んでいるうちに、いつの間にかアメリカ研究者になっていました。英語バカが、英語に導かれ、アメリカ研究者となったのです。

英会話学校講師から大学受験予備校講師を経て、五三歳で大学教員となり、ここを「終の住処《すみか》」と決めた僕が、どんな「英語バカ」人生を生きてきたかを、次章からはありのままに記してみたいと思います。

自分自身の英語学習の道のりを振り返ってみると、不思議なことに、戦後日本のアメリカ研究の発展における三つの段階と、よく似た経過をたどっているようです。これはひとつには、外国人など一人もいない小さな田舎町に生まれた僕が、中学一年で英語との鮮烈な出会いを果たし、京都で、東京でと、少しずつ情報を増やしながら、無我夢中で英語を求めてきたことと関係があるのかもしれません。そこで、これまで述べてきた戦後の日本社会の英語教育における三つの段階に即して、僕の英語学習史を語ってみます。

自伝的英語史などおこがましいとは思いつつ、東後先生が『英語ひとすじの道』を書かれたのが四七歳のときであることを励みに、たとえ東後先生のようにはなれなくても、せめて一部の英語学習者にとってのロールモデルになれたら――その願いを込めて。

第2章　イマージョンの時代1——中学・高校時代

●空手少年、英語と出会う

僕がはじめて英語と出会ったのは、小学六年生のときです。近所の一つ年上の「ケンちゃん」が、家に英語の先生を招いて勉強していて、どうせならみんなで一緒に、という親同士の話だったのではないかと思います。翻訳の仕事をしているという「巽《たつみ》先生」が、僕の最初の英語の先生でした。そこでつけられた"Mark"というニックネームが、しばらく、僕の英語でのニックネームになります。

そうして、同じ村の六年生の男子六人全員が、週に一度、ケンちゃんの家に通い始めました。使っていたテキストは、表紙に大きな薔薇《ばら》の写真があしらわれた旺文社《おうぶんしゃ》の「中学ばらの問題集」で、巽先生によれば、このシリーズが一番よくできているとのことでした。

ブロック体や筆記体などのアルファベットの書き方、中学で最初に習う文法などは、巽先生から手ほどきを受けたと思います。その授業がどんなものだったのか、今となっては思い出すすべもありませんが、とにかく苦痛でした。細かい文法規則が覚えられず、"Mark?"

と順番が回ってくるたびに、間違えては叱られ、ケンちゃんの家に行く前になるとお腹が痛くなるようになってしまいました。そんな僕が英語と一緒に生きていくことになるとは、そのとき、誰に想像できたでしょう。

この巽塾は、その後、村の公民館に場所を移します。しかし、おそらく村の小中学生全員を入塾させたいと思っていたであろう巽先生の期待をよそに、僕たちが中学校に上がると、みな部活が忙しくなり、いつの間にか、巽先生の英語教室はなくなってしまいました。

実は、僕が小学五年生のとき、やはり村に「三木覚心館《みきかくしんかん》」という空手の道場ができ、当時大ヒットしていたマンガ『空手バカ一代』やブルースリーのカンフー映画の影響で、僕もまた空手を始めていました。

英語と空手は、死んだら戒名に「英空《えいくう》」と入れてもらおうと決めているほど、僕が人生をともにしてきた二つの道です。巽塾と同じく、村の男子小学生の大半が入門した空手道場でしたが、中学生になっても続けたのは僕一人で、僕は部活には入らず、空手少年として週三回、欠かさず稽古に通いました。

そんな空手少年が、本当の意味で英語と出会ったのは、中学一年生の英語の授業です。僕たちの目の前に現れた「高橋先生」は、ロングヘアにメガネが印象的な女性でした。

北九州市立大学の外国語学部英米語学科を卒業したばかりだという高橋先生は、教科書を掲げ、そのタイトルである〝New Horizon〟を指差して、こうおっしゃったのです。「〝horizon〟というのは「水平線」とか「地平線」という意味で、〝new horizon〟は「新しい地平線・水平線」ということ。これから一緒に英語を勉強して、一緒に〝new horizon〟を拓いていきましょうね」。

忘れもしない、この〝horizon〟という言葉こそ、僕と、僕がそれからずっと一緒に生きていくことになる英語との「ファースト・コンタクト」でした。高橋先生のまるでアメリカ人のような(少なくとも僕にはそう思えました)美しい英語の響きと、さらに〝horizon〟の言葉のイメージが、僕にはあまりに新鮮で、英語というよりは、高橋先生が大好きになったのです。

実は、僕の通っていた中学校の英語科には、春本《はるもと》先生という男性の先生と、牧山《まきやま》先生という女性の先生がおられたのですが、春本先生が脳溢血《のういっけつ》の手術で長期入院され、その代用教員として一年間、高橋先生が赴任されたとのことでした。

子供心に、高橋先生は英語が好きで好きで仕方がないように見えました。そして、何より発音がとてもきれいで、たしかに、僕たちは高橋先生の向こうに、まだ見たこともないアメリカを見ていました。

高橋先生はまだ正式な採用試験には合格されておらず、英語教員免許も持つ美術の男性教諭がときどき指導にきて、デモ授業をしたりしました。ところが、「〝mouse〟と〝mouth〟は同じ発音だ」などと教えるものですから、高橋先生がとても困っておられたのを覚えています。

もちろん、当時の僕に〝mouse〟と〝mouth〟の発音の違いなどわかるはずもありません。しかし、どう聞いても高橋先生の英語とは違い、高橋先生の反応がとても気になって、ずっと高橋先生の顔を見ていたのです。

僕は、どんなことでも「これは英語でなんと言うの？」と高橋先生に質問するようになりました。巽塾ですり込まれた「文法恐怖症」は、そう簡単には抜けず、文法は苦手なままでした。しかし、高橋先生のおかげで、英語の発音だけは大好きになっていました。

僕の中学校では、一年生から三年生まで、同じ先生が担当することになっていました。つまり、三年間ずっと、春本先生と牧山先生のどちらかに教わることになります。臨時教員だった高橋先生の任期は一年で、二年生になると春本先生が戻ってこられます。高橋先生はその年、無事採用試験に合格、同じ市内の別の中学校に教諭として勤務されることになりました。

先生とお別れするのはとてもさみしかったけれど、「春本先生はすごい先生で、私なんかより、ずっと英語が上手なのよ」という高橋先生の言葉に、僕は春本先生の授業を心待ちにしたのでした。

二年生になり、復帰して僕たちの英語の担当になった春本先生は、当時四六歳、頭には切開手術の大きな痕《あと》がありました。四六歳だったというのは、本書執筆でご家族と連絡を取ったときにはじめて知ったことで、僕にはずっと七〇歳くらいのおじいさんの印象がありました。大病から復帰されたばかりであったのと、何より、当時の学校の先生の威厳のなせるわざだったと思います。

春本先生は、体力が弱っていて声が出ないからと、小さなトランシーバー型のハンドマイクをカセットレコーダーにつないで授業をなさり、僕たちのあいだでは「マイク・スミス」と呼ばれていました。最初にバスガイドさんのように「フッ、フッ」とマイクに息をかけてテストをなさるので、みんなでよくその真似《まね》をしたり、"Smith"の"th"を大げさに舌先を噛《か》んで発音したりして、ふざけ合ったものです。

●英語バカ人生のはじまり

僕は相変わらず文法が好きではありませんでしたが、発音だけは好きで、いつの間にか、「横山は英語の発音が上手《うま》い」と英語では一目置かれ、僕が教科書を音読する順番になると、クラスが静かになり、全員が聞き耳を立てるようになっていました。

同級生に船原《ふなはら》さんという女の子がいました。船原さんは、小学校二年のときにお父さんの仕事でアメリカに行き、五年生で帰国していて、とても英語が上手でした。当時、夏休みに入ってすぐ、三木《みき》市の商工会議所で、市内の中学生英語暗唱《あんしょう》大会が開かれていました。その船原さんが中二の部に出場し、優秀賞に選ばれました。つまり、最優秀賞は取れなかったということで、僕は「それなら、中三の部で最優秀賞を取ってやろう」と決心しました。

暗唱の課題は“New Horizon”の教科書からであれば、自由に選ぶことができます。中三になるとすぐ、両親にねだって教師用のテープを買ってもらい、自分の課題にするストーリーを探しました（教師用のテープには、生徒用にはない各レッスンの通読が入っていました）。Lesson 10に来たとき、僕の耳は釘《くぎ》づけになります。朗読を担当する女性の英語があまりに美しく、生き生きとしていて、僕はすっかり惚《ほ》れ込んでしまいました。そして、その物語の内容も分からないまま、これを課題にしようと決めました。

Lesson 10ですから、学校の授業では、二学期に扱うものです。文法はまったくわかりませんでしたが、僕はひたすら音読を繰り返し、四月中には暗記して、微妙な間《ま》や息遣い、ピッチに至るまで、テープの朗読を完コピしていました。その物語のタイトルは〝Otoko-san and the Straw Coat〟で、「彦一《ひこいち》とんち話」の「天狗《てんぐ》の隠れ蓑《みの》」を英語にしたものでした(「彦一」が〝Otoko-san〟になっていました)。

暗唱大会は七月です。僕は春本先生にお願いし、毎日放課後になると、発音の指導をしてもらうようになりました。

実は、僕には、とても気になる先生がいました。もう一人の英語の先生、牧山先生です。高橋先生からは、「プール女学院(プール学院短大)を出ておられて、英語がとても上手いのよ」と聞いていました。「プール女学院」の響きが、いかにもアメリカを感じさせ(本当は英国聖公会のミッション・スクールなのですが)、僕はいつも畏れと憧れの眼差しで見ていたのです。

牧山先生は、授業外でもよく生徒に英語で話しかけておられ、僕はできるだけ自然に通りがかったふりをして近づき、聞き耳を立てていました。母音の[æ]や子音の[r]がとても印象的なアメリカ英語でした。

ある日、意を決して、渡り廊下を歩いていた牧山先生に「僕の暗唱を聞いてもらえませんか」とお願いしてみたところ、あっさりOKしてもらえました。誰もいない図書館で、緊張しながら暗唱を終えると、牧山先生は小さく拍手をして、ただひとこと、「上手いな」とおっしゃいました。何か有益なアドバイスをもらえると期待していただけに、少し拍子抜けしたものの、大きな自信になったことは、言うまでもありません。

いよいよ夏休みに入り、中学生暗唱大会が開かれました。三木商工会議所の四階の大会議室の演壇に立ち、無我夢中で"Otoko-san and the Straw Coat"を暗唱しました。結果は第一位、最優秀賞でした。最後に審査委員長だった神戸外大の須藤淳《すどうじゅん》教授が一人ずつ講評をされ、僕の番になると、須藤先生は「この人は完璧ですね」とだけ、一言一句このまま、おっしゃいました。僕の英語が、はじめて中学校の外の世界で評価された瞬間でした。この須藤先生の言葉で、僕の英語人生は始まったのです。

帰り道、何とも晴れやかに、元気よく自転車のペダルを漕《こ》いだ、そのときの気持ちを、僕は今でも忘れることはできません。

実は、会場には高橋先生の姿もありました。帰り際、確かに目が合ったのですが、今は違う中学校で、いわばライバルたちを教えておられるという思いもあって、話しかけることは

【コラム】暗唱の効能

僕の中学時代の英語の勉強は、まさに「暗唱に明け、暗唱に暮れる」というものでした。暗唱していたのは、もちろん、中学校の教科書です。ただ、暗唱することが目的だったのではなく、ひたすら朗読（音読）を繰り返すうちに、いつの間にか暗唱できるようになっていました。

「同時通訳の神様」と呼ばれた國弘正雄《くにひろまさお》先生は、『英語の話しかた』（サイマル出版会）の中で、「只管《しかん》朗読」を薦めておられます。曹洞宗《そうとうしゅう》の宗祖、道元禅師《どうげんぜんじ》の「只管打《た》坐《ざ》」（ひたすら坐《すわ》りなさい）という教えに倣《なら》ったもので、「ひたすら朗読しなさい」ということです。

英語は「身体」で学ぶものです。只管朗読は、英語を内在化（身体化）させるもっとも理に適った方法だと思います。もちろん、中学生の僕が國弘先生を知っていたはずがなく、図らずも結果として只管朗読を実践していたことになります。僕の知る限り、日本で英語をものにした人は、例外なく音読に励んでいます。

暗唱の素材としては、日本であまり使う機会のない会話のスキットより、普遍的なテーマを持ったまとまりのある文章のほうがよいと思います。より具体的には、國弘先生もおっしゃっているように、語彙《ごい》的にも文法的にも、中学1年から3年までのリーダーで必要十分と言えます。それをただひたすら、暗唱できるようになるまで朗読（音読）するのです。

できませんでした。高橋先生は、のちにアメリカ人と結婚して、向こうに渡られたと聞きました。文字通り、先生が僕にはじめて教えてくださった“horizon”の向こうに渡られたのです。

●英語少年、外国人に話しかける

生まれてはじめて「外人」と英語で話したのも、中学三年生のときです。この頃、三木市内にモルモン教（末日聖徒イエス・キリスト教会）の支部ができ、あちこちで自転車を漕いで走る二人組の青年宣教師の姿を見かけるようになっていました。支部の前には「無料英会話教室」の張り紙があり、ある日、僕は思い切って、自転車に乗って信号待ちをしていた宣教師に、やはり自転車の上から話しかけてみたのです。

“Are you Mormon people?”——これが、記念すべき僕のアメリカ人への第一声です。“Mormon people”では「モルモン人」ですし、思い出すと顔から火が出そうになりますが、とにかくこう話しかけたことを、はっきりと覚えています。二人はとても喜んで、英会話教室に誘ってくれました。

最初のレッスンで、「どう呼んでもらいたいか」と聞かれ、とっさに僕は小学生のときに巽《たつみ》塾で使っていたニックネームを思い出し、"Just call me Mark."（マークと呼んでください）と言いました。モルモン教ではアルコールやコーヒーや紅茶が禁じられているからと、毎回カルピスを飲みながら、授業が行われました。しかし、内容があまりに簡単な上、いきなり通訳兼助手をさせられ、すぐにやめてしまいました。

九月には、修学旅行で九州に行き、果敢に「外人ハント」をしています。国語の授業で書いた「修学旅行記」には、春本先生がくれた英語の表現リストを手に、長崎のグラバー邸でみんなで外国人を探して話しかけた、と書かれています。春本先生は僕のクラス担任でしたが、体調の問題もあり、引率はされなかったようです。おそらく、グラバー邸で外国人に英語で質問するよう、春本先生から課題が出たのだと思います。

僕は「太っちょの気のやさしそうな人」に"Excuse me. Can you speak English?"と話しかけています。すると、その男性は「はい、私英語しゃべれますよ。じゃあ、あなたは日本語しゃべられるんですか」と日本語で返してきて、困ってしまった、とあります。しかし、すぐに"I was only joking."と言い、日本語で「何か用ですか」と聞いてくれたので、英語で自己紹介をして修学旅行の途中であることを伝えたら、向こうもアメリカから来たと答えてくれた、ということでした。

これはあたりまえで、まず“Can you speak English?”ではなく“Do you speak English?”と言うべきでした（can you だと、「能力があるか」という問いになってしまいます）。また、いきなり英語で自己紹介されても、おそらく彼には、最後まで話しかけられた目的がわからなかったでしょう。日本語で答えているということは、せっかく日本に来たのだし、日本語で話してみたいと思っていたのかもしれません。日本語の学習者だったかもしれませんん。この人の場合は、まず日本語で「英語を勉強している中学生なのですが、もしよかったら、少しお話をしてもらえませんか」と言い、了解を得て英語を使うべきでしたが、それでも貴重な観光の中、数分間を足止めするわけで、相手にしてみれば、とても迷惑な話です。

また、帰りのフェリーの中では、ブラジル人と話しました。「旅行記」には、「ブラジル人だけあって、英語はあまり通じなかった」と書いてあります。それでも、僕は嬉《うれ》しくてなりませんでした。英語が話せると、こんなふうに世界の人たちと通じ合えるのだと、心から感動したのです。

「修学旅行で外国人に英語で話しかけよう」という課題は、今でも多くの中学校や高校で出されているようです。その是非をここで論じることは避けますが、少なくとも、それを逃せばもう二度と外国人と話す機会などないかもしれない田舎の中学校の自分の生徒たちに、

【コラム】道行く外国人に話しかけるなら

日本に来ている観光客に話しかける場合、まず気をつけないといけないのは、彼らが必ずしも英語ネイティブではないかもしれないということです。また、英語ネイティブでも、日本に来ているということは、日本の伝統文化に興味があり、むしろ日本語を話したがっている人の方が多い気がします。

ですから、まずは「すみません、少しよろしいですか」とか、「どちらの国から来られましたか」などと、日本語でゆっくり話しかけ、英語圏から来た観光客だとわかったら、そこではじめて、英語で “I'm sorry to bother you, but I'm a high school student in Japan, and I'm an enthusiastic learner of English. I'm glad if we could have a small talk in English.”（お邪魔してすみません。私は日本の高校生で、一生懸命英語を勉強しています。英語で少しお話しできたら嬉しいです）などと切り出すべきです。

自己紹介は、それからです。“My name is” と自己紹介したら笑われた、“I am” が正しい、などという人もいますが、そんなことはありません。むしろアジア人の名前は欧米人には馴染《なじ》みがなく、“I am” より “My name is” のほうが「自己紹介しますよ」というタメも作れて望ましいと思います。さらに、“Masahiko is my first name, and Yokoyama is my last name.”（雅彦がファーストネーム、横山が苗字です）と付け加えてもいいくらいです。

「こんなふうに英語で話してみなさい」と指導された春本先生のお気持ちを、改めて僕はとても有り難いと思うのです。

●最初の師と挑む暗唱大会

修学旅行から帰って、僕は神戸外大のＥＳＳ（英語研究会）が主催する「神戸外大学長杯兵庫県中学校英語暗唱大会」に出場することを決めました。神戸外大の須藤教授から「完璧」のお墨つきをもらい、必ず優勝できるという自信がありました。

ふたたび、春本先生が特訓をしてくださることになりました。今度は、挨拶も考えることにしました。春本先生が添削してくださり、出来上がった挨拶は、次のようなものです。

My name is Masahiko Yokoyama. I'm a student at Bessho Junior High School in Miki City. I'm a poor speaker of English. But please listen to my recitation.

（私の名前は横山雅彦です。私は三木市の別所中学校の生徒です。私は英語を話すのが上手くありません。しかし、どうか私の暗唱を聞いてください）

暗唱大会は一二月、まだ六甲《ろっこう》の山手にあった神戸外大で開かれました。公立中学だけの三木市の大会とは違い、県下の名だたる私立校やミッション・スクールの代表が集まっていました。観客席には、多くの英語ネイティブやシスターがおり、その様子に僕はすっかり圧倒されてしまいました。それは、春本先生も同じだったようで、誰も先のような挨拶をしないのを見て不安になったのか、順番を待つ僕のところに身をかがめて近づいてきて、「横山、あの挨拶はやめておこう」と耳打ちされました。

やめて正解でした。こうした大会では「チェアマン」が出場者の名前や出身校などを紹介してくれるのですから、それらを繰り返すのは、チェアマンに対してとても失礼です（大会のチェアマンは単なる「司会者」ではなく、大会運営に関わる全権を持った責任者です）。また、必死で練習し、みなさんに披露するために出てきているのに、「下手ですが」などと謙遜するのも、まったく英語的ではありません。「それなら、聞かせないでください」となってしまうからです。

驚いたのは、他の出場者の暗唱する課題がずっと長く難しかったことで、"Otoko-san and the Straw Coat"は、あまりに幼稚で易しい内容でした。デリバリーやアイコンタクトなど、彼らの本格的なパフォーマンスに、僕は圧倒されてしまいました。

結果は惨敗、入賞すらすることはできませんでした。優勝したのは、カトリックの名門・六甲学院中学校の二年生の男子でした。

実は神戸外大ＥＳＳは、同じ日に「神戸市長杯兵庫県高等学校英語弁論大会」も開催していて、僕はその日のうちに、「高校生になってここに戻ってきて、今度は必ず優勝する」と、リベンジを心に誓っていました。

それから卒業するまでの数ヶ月、僕はほんの少しも疑うことなく、春本先生についていきました。春本先生は、本当はこのような「異形《いぎょう》」の生徒が目の前に現れ、きっと困っておられたと思うのです。暗唱大会の挨拶も、今思えばおかしいけれど、まぎれもなく先生ご自身が悩み、試行錯誤しながら一生懸命に教えてくださった証《あかし》です。

僕の最初の英語の恩師、春本英司《はるもとえいじ》先生は、二〇一八年に八七歳でお亡くなりになりました。春本先生がおられなければ、間違いなく今の僕はありません。ただただ懐かしく思い出します。

ちなみに、僕が完コピをした“Otoko-san and the Straw Coat”の朗読を担当した女性は、ジェリー・ソーレスさんでした。僕はその後、ジェリーさんの声をいろいろな教材や新幹線の車内アナウンスで何度も耳にすることになります。

実は、二〇〇一年に語学春秋社の『GOES』というCD教材の収録をしたとき、スタジオの休憩スペースでジェリーさんをお見かけしました。顔を知っていたわけではありません。声ですぐにわかったのです。そのとき話しかけなかったことを、今でも後悔しています。ジェリーさんは、JR西日本の構内アナウンスも担当されていて、今は毎日ジェリーさんの声を聞きながら通勤しています。

●英語三昧ではじまった高校時代

僕は高校入学前くらいから、本格的にNHK「ラジオ英語会話」を聴くようになっていました。春本先生からは「続基礎英語」を聴くように言われたのですが、まったく興味が湧かず、そのままつけっぱなしにしていたら、一九時の時報が鳴りました。そして、「英語会話」という女性アナウンサーのタイトルコールがあったあと、大人びた感じのBGMが流れ、続いて聞こえてきた先生の英語が、異次元と言っていいほど日本人離れしていて、完全に虜《とりこ》になってしまったのです。不思議なことに、英語ネイティブの英語より、はるかに魅力的に聞こえました（その理由は後ほど考えます）。東後《とうご》勝明《かつあき》先生との出会いでした。

高校に入学した僕は、神戸外大でのリベンジを期し、ESS（英会話クラブ）創設に向けて動き出します。僕が進学した高校には、ＥＳＳがありませんでした。たまたま一年で同じクラスになった広川くんが同じように東後先生のファンであることを知り、一緒にＥＳＳを作ることにしました。

一方、学校の最初の英語の授業で、張り切って音読したところ、大爆笑が起こり、僕はすっかり困惑してしまいました。ふと先生の顔を見ると、なぜか僕と同じように真っ赤になっていて、「ああ、高校の授業で春本先生のような指導を受けることは無理なんだな」と悟りました。

僕は、学校の授業は放ったらかしで、空手三昧、英語三昧の毎日を送るようになります。テスト期間中でも学校の勉強は（英語も含めて）まったくせず、週三回の空手の稽古に欠かさず通い、もちろん自宅の庭でも毎日自主稽古をしました。ＮＨＫ「ラジオ英語会話」は、親に買ってもらったテープレコーダーで録音し、何度も何度も繰り返し聞きました。自転車で片道四〇分かかる登下校のあいだは、オープニングの挨拶から日本語の解説まで、東後先生になり切って、ＮＨＫ「ラジオ英語会話」のレッスンを真似したものです。

その頃、僕は東後先生が三木市の北隣にある小野《おの》市のご出身だということを知り、毎日「ラジオ英語会話」を聴いてがんばっていること、これから高校でＥＳＳを作ろうと思っていること、などをしたためたお手紙を差し上げました。すると、驚いたことに、すぐに速達の葉書と、同じく速達の大きな包みが届きました。差出人は「東後勝明」とあり、小包には三枚の色紙が入っていました。僕への色紙、ＥＳＳへの色紙、これからお願いする顧問の先生への色紙でした。僕への色紙には"Keep up your enthusiasm!"（情熱を絶やさないで！）と書いてあり、僕の体は、文字通り感激で震えたのです。

ところが、ＥＳＳの顧問を引き受けてくださる先生は見つかったものの、単なる形式上の顧問で、活動にはまったくノータッチだったことに加え、肝心の部員が集まらず、ＥＳＳは頓挫《とんざ》してしまいます。

それなら、スピーチ・コンテストの準備は自分でやろうと、僕は「赤ペン先生作戦」を立てました。進研ゼミに入会し、「スピーチを書いたので添削してください」と、「教科質問」として、せっせとスピーチの原稿を送り始めたのです（今となっては、よくこんなことができたものだと感心します）。

もちろん、どのように英語スピーチを書いたらいいかなどまったくわかりませんから、まず日本語で原稿を書き、それを英訳しました。文法無視で和英辞書を引きまくり、その例文を何とか自分なりに工夫して使い、英和辞典で確認しながら何度も何度も書き直しました。

そして、両親の部屋から便せんを拝借し、横書きにしてペンで清書しました。

三週間ほどすると、丁寧な感想と真っ赤に添削された原稿が返ってきます。あるときは、「友人のアメリカ人に見てもらいました」と、清書し直した原稿が返ってきたこともあります。

ただ、正規の添削課題は一切提出せず、スピーチの添削だけを頼んでいたため、さすがに進研ゼミから「これ以上はできない」という電話がかかってきて、僕の「赤ペン先生作戦」は潰《つい》えました。今思えば、この無我夢中の英作文は、間違いなく僕の大きな力になりました。

僕が使っていたのは、旺文社の『エッセンシャル和英辞典』ですが、「引く」というよりは、片っ端から読んで、「これは」と思う例文を単語を替えて使う、ということをひたすら繰り返しました。そして、添削された英文を見て、その使い方が正しかったか間違っていたかを確認します。和英辞典メインの我流の勉強法ですが、僕はまったく文法用語を知らないまま、気が遠くなるような「帰納法」によって、自分なりに文法のルールを発見し、感覚的に英語を身につけていきました。和英辞典は膨らんでボロボロになり、二冊目を買った記憶があります。

進研ゼミには大きな迷惑をかけながら、僕は〝Life's Crossroads（人生の岐路）〟と〝Filial

Piety and Gratitude（親孝行と感謝）"という二つのスピーチを書き上げます。そして、満を持して神戸外大のＥＳＳに「スピーチ・コンテストに出場したい」という手紙を送りました。しかし、待てど暮らせど、返事はありません。やはり、正式に高校やＥＳＳを通じてでなければ、出場できなかったのだと思います。

高校に入学してから、神戸外大のスピーチ・コンテストで優勝するという、ただその一念でがんばってきた僕は、その目的を失ってしまいました。それからしばらく、僕の中での英語と空手の天秤《てんびん》は、少し空手のほうに傾いていきました。腕が腫れ上がったり、肋骨《ろっこつ》が折れたりしながら、空手の稽古に励みました。僕は、この空手という「道」の存在が、英語の「道」にも決定的な影響を与えたと思っています。

内田樹《うちだたつる》先生が、「タイプの違う二人のロールモデルがいないと人間は成熟できない」と述べておられます。「タイプの違う二人のロールモデル」とは、「同じ一つの正しいことを別の言葉で言う二人の師」です。「単独のロールモデル」から「二人のロールモデル」にシフトすることで、「プログラムへの居着《いつ》き」から解放されるのだ、と内田先生はおっしゃっています。

ここで、僕の空手修行について詳しく述べることはしませんが、確かに、僕には英語の世界と同じくらい、空手の世界にも常に心から憧れるロールモデルがいました。そのロールモデルは、高校を卒業するまでは、三木覚心館館長、前田広之《まえだひろゆき》先生でした。先生が「喉が痛い」とおっしゃると、自転車で三木の町まで漢方薬を買いに行き、母が「先生のためなら、たとえ火の中水の中やね」と笑って言うくらいでした。ちなみに、僕は「館長代理」として、先生がお留守のときには、稽古の指導もするようになっていました。

●ジャッキーさんとの出会い

僕が所属していたのは「糸東流《しとうりゅう》」という流派の「覚心館連盟」で、前田先生の三木覚心館は、その三木支部でした。ちょうど高校二年生の夏休みに、覚心館連盟がイタリアのローマに支部を置くことになり、明石市《あかしし》にある本部道場に、イタリアから留学生が数名やってきました。イタリア語がわかる門弟は一人もおらず、せめて英語が使えるのは僕だけで、通訳として随行しました。ただ、とくに「米口語表現」は彼らには通じないことが多く、「どういうこと？」と聞かれたとき、二の手、三の手がないと「諸刃《もろは》の刃《やいば》」になるということを、このとき身をもって知りました。それでも僕は、外国人と英語が話せるだけで夢のようでした。

そして、高二の九月、僕は運命的な出会いを果たします。文部省（当時）の英語教師招致

【コラム】スピーチ原稿を書く①

國弘正雄先生は「只管朗読」と並んで、「只管筆写」も推奨しておられます。「ひたすら筆写しなさい」ということです。これもまた、高校時代の僕が図らずも実践していたことです。

高校時代の僕は、スピーチの原稿を何度も手書きしました。進研ゼミの赤ペン先生やジャッキーさんに添削を受けると、それをペンで清書します。ペンを使うのは、間違わずに書く緊張感を持つためです。添削しやすいように一行ずつ空け、まるで写経をするように息を止め、少しでも書き間違えたら修正液は使わず、そのページごとやり直しました。ペン先に力を入れすぎて、手がしびれ、ペンが持てなくなることも、しょっちゅうありました。

養老孟司《ようろうたけし》先生は、人間の作り出すものはすべて脳の投射であるとして、「唯脳論《ゆいのうろん》」を提唱されています。ただ、脳内のさまざまな概念と現実の世界をつなぐのは「手」です。人類の文明が脳の産物であることは間違いないとしても、それらを具体的な形にしたのは手です。人間の概念的な世界、あるいは表象的な世界と外的な世界をつなぐ唯一の媒体が手だと言っていいかもしれません。

手を使うと、脳が活性化されると言われます。振り返って思えば、確かに僕の英語脳を刺激し、開発してくれたのは、一つには、僕の手であり、只管筆写だったと思います。

計画で、一年間、僕の高校にスコットランドからJacqueline Rose《ジャックリーン・ローズ》という若い女性がやってきたのです。僕たちは、彼女を「ジャッキーさん」と呼びました。

それと同時に、ESSが設立されるという発表がありました。最初のミーティングに参加してみると、そこにジャッキーさんと、その年の四月から英語教員として新たに着任されていた大西博人《おおにしひろひと》先生がおられました。「通訳案内士の資格を持ったとんでもなく英語の上手い先生が来た」という噂《うわさ》は聞いていましたが、実際に言葉を交わしたのは、そのときがはじめてでした。あとで聞いた話では、大西先生の人事は、ジャッキーさんの通訳のためだったとのことです。

集まったのは、二年生からは僕と広川くん、一年生から女子三名の計五名でした。ジャッキーさんと大西先生が真ん中に座っておられ、僕たちは一人ずつ英語で自己紹介をしました。僕が何を話したかは覚えていませんが、ジャッキーさんがとても驚いた表情を見せ、次いで嬉しそうに僕を見て笑ったことが、とても印象に残っています。僕はESSの部長になりました。

翌日から、ジャッキーさんと少しでも話したくて、僕は休み時間は職員室に入り浸り、英語を話しました。NHKのラジオやテレビに加え、文化放送の「百万人の英語」も聴くようになり、そうした番組で覚えた表現を、片っ端からジャッキーさん相手に試しました。「松本道弘」という名前を聞いたのも高二のとき、大西先生からでした。大西先生は、当時三四歳、英語教員になってから英検一級を取ったという努力の人で、松本先生の「英語道《えいごどう》」から大きな影響を受け、ご自身では「初段くらいかな」とおっしゃっていました。他の英語教員が「英語キチガイ」（キチガイは今は適切な表現ではありませんが）と呼んだほど、英語を話すことが大好きで大好きで仕方なく、いつも英語のことだけを考えておられるように見えました。もちろん、東後先生のＮＨＫ「ラジオ英語会話」も、毎日欠かさず聴いておられました。

他教員との英語力の差は歴然としていて、もし大西先生がおられなかったら、ジャッキーさんは本当に困っただろうと思います。ジャッキーさんはエディンバラ大学を卒業したばかりの二一歳、それでなくても、一九八〇年代初頭の前近代的な町での生活は、彼女の想像をはるかに超えていたはずです。

僕は、大西先生に神戸外大のスピーチ・コンテストに出たいと直訴し、ついにその年の一二月、リベンジの場に立てることになりました。使うスピーチは、進研ゼミの赤ペン先生と一緒に書き上げた二つのスピーチのうち、"Life's Crossroads" に決めました。さすがに何度も赤ペン先生の添削を受けただけあって、手直しは数ヶ所ですみ、ジャッキーさんのモデル・リーディングを録音させてもらって、連日放課後の特訓が始まりました。

僕の通っていた高校は、兵庫の県立校でしたが、大西先生を除く英語教員も含めて、気の毒なくらい、生徒たちは誰もジャッキーさんに話しかけませんでした。ですから、ジャッキーさんは文字通り僕の独占状態、常につきっきりの指導が受けられるわけですから、これで上達しないはずがありません。

ついには、日曜日には教員住宅に押しかけて、発音の指導をしてもらうようになりました。常にジャッキーさんと一緒で、「横山はジャッキーと付き合っている」という噂が立ったほどです。大げさではなく、当時の僕は日本語以上に英語を話していたと思います。

お宅に伺ったとき、たまたまテレビにチャールズ皇太子とダイアナ妃の映像が流れ、ジャッキーさんが、まるで芸能人を見る少女のように「キャーッ」という声を上げたことをよく覚えています。ちょうどその年の七月に世紀の結婚式が行われたばかりで、イギリスの人たちにとって英国王室がどんな存在なのかを垣間見《かいまみ》た気がしました。

こうしてジャッキーさんの献身的な指導の甲斐《かい》あって、スピーチ・コンテストの結果は優勝、僕は二年越しに雪辱を果たしたのです。

ＥＳＳでは、ジャッキーさんとピクニックに出かけたり、文化祭で「猿蟹合戦《さるかにがっせん》」の英語の紙芝居をしたり、とても充実した活動ができました。個人的にも、母が刺繡《ししゅう》したハンカチを数枚、ジャッキーさんにプレゼントして、大喜びしてもらったこともよい思い出です。

●言語と文化の違いを痛感する

もちろん、文化の違いも数多く経験しました。ある日、ジャッキーさんが僕に〝Masahisa, do you know about Musashi Miyamoto?〟（マサヒサ、宮本武蔵《みやもとむさし》について知ってる？）と質問しました。僕が空手をしていることを知っていて、たずねてきたのだと思います（ジャッキーさんは〝Mark〟という英語名はおかしいと思ったようで、日本語のファーストネームで呼びました。ちなみに、高二の春からしばらく、僕は姓名判断で「征尚《まさひさ》」に改名していました）。

僕は「有名な剣豪だ」くらいのことしか言えず、とても悩んでいたところ、たまたま吉川《よしかわ》英治《えいじ》さんの有名な歴史小説『宮本武蔵』の英語版の全面広告が新聞に出ていて、さっそく町の書店に行き、注文しました。田舎の書店ですから、取り寄せに一ヶ月は要したでしょうか。僕は届いたその本をきれいにラッピングし（おそらく母に頼んだのだと思います）、勇んでジャッキーさんのところに持って行きました。ところが、てっきり喜んでくれるはずだと思っていたのに、ジャッキーさんは、なぜマサヒサがこの本を私にくれるのか、よくわからない、という顔をしていました。そもそも、僕に宮本武蔵について質問したことすら忘れていて、僕はショックを受けてしまいました。

日本に来たばかりのアメリカ人教師が、教室で"Have you seen my pen?"（私のペン見なかった？）と聞いただけで、生徒たちがいっせいに立ち上がり、ペンを探し始めて困惑したという話があります。英語ネイティブにとっては、口にしたことがすべてです。つまり、このアメリカ人は、文字通り「見たかどうか」をたずねただけなのです。したがって、応答は"Yes"か"No"で十分であり、それ以上の言葉も行動も必要ありません。探してほしければ、「探してください」と言います。ジャッキーさんも、「宮本武蔵について知っているかどうか」をたずねただけだったのです。

しかし、先生が口にした"Have you seen my pen?"は、日本人にとっては「探してほしい」という意味です。日本人は、このように常に言葉の裏のホンネを探ろうとし、ホンネはダイレクトには口にせず、タテマエを述べたり、遠回しに伝えようとしたりします。こうした日本人のコミュニケーションは、日本研究では「腹芸《はらげい》」として知られます。「ロジックの英語、腹芸の日本語」は、僕が英語教師として一貫して掲げてきたテーマですが、その原体験になったのは、まさにジャッキーさんとのやり取りでした。

●身体感覚がものを言う英語学習

神戸外大のスピーチ・コンテストが終わった直後から、僕は新しい目標に向かって動き出していました。以前から、春先になると「百万人の英語」のテキストに載る「日米親善全国高校米英会話弁論大会」の広告が、ずっと気になっていたのです。

「サンディエゴ市長杯」と銘打たれたその大会は、「米英会話弁論大会」とあるように、五分間のスピーチと二分間の質疑応答で競われ、優勝者には懸賞としてサンディエゴ訪問の旅が贈られます。一次審査、二次審査、最終審査を経て選ばれた代表一二名が、六月に上智《じょうち》大学で開かれる決定戦に出場するということでした。

僕は、この大会に出場することを決めました。進研ゼミで書いたもう一つのスピーチ“Filial Piety and Gratitude（親孝行と感謝）”を改めてジャッキーさんに添削してもらい、ますますジャッキーさんのところに入り浸って、発音の指導を受けました。

実は、ジャッキーさんは、僕の英語がどんどん自分の英語に似てくることに、悩み始めていたようでした。同じ英語教師招致計画でロンドンから来たという男性教師が、たまたまジヤッキーさんの教員住宅に遊びにきていて、「君の英語はスコットランド訛《なま》りの英語だ。しかも女性の英語だ」と、僕をからかったことがあります。めずらしく「どうしてそんなことを言うの」と感情的になったジャッキーさんに、そのイギリス人男性は、"Because his English is almost perfect."（彼の英語がほとんど完璧だからだよ。）と、これも一言一句この通りに答えました。

自慢しているのではありません。この時期は、僕が英語と初接触を果たした「イマージョン」の時代の六年目です。英語に関するどんな情報も機会も決して逃さず、自分の血肉にしようと、がむしゃらに学んだ僕は、確かにすでに「イマージョン」の段階を終えようとしていたと思います。ただ、「先達《ロールモデル》」を持たないがゆえの「遠回り」で、僕が「オムニボア」の段階へ進んでいくのは、まだまだはるか先のことです。

僕の英語がジャッキーさんの英語に似ていったのは、当然のことでした。英語の学習において、一番大事なのは「身体感覚」です。英語の「間」や「呼吸」、「リズム感」を体で覚える、と言ってもいいでしょう。それが読み書きにも影響を与えます。そして、その感覚の習得は、机上の勉強では不可能です。

意外かもしれませんが、英語は「運動感覚」がものを言う「体育会系」の科目なのです。

先述のように、僕の勤める大学で、英語ゼロの状態から急激にＴＯＥＩＣで７００点や８００点まで伸ばした学生は、そのほとんどが、高校時代にひたすらサッカーや野球、ダンスなどに打ち込んでいた優れたアスリートでした。それは、以上のような理由によります。

僕の知る限り、留学経験のある英語の使い手は、例外なく留学前に英語をものにしています。留学したら英語が話せるようになるというのは幻想なのですが、しかし、日本より英語圏で暮らすほうが、英語習得がしやすいことは間違いありません。それは、いやおうなく英語の日常に身を置かざるを得ず、多種多様な英語ネイティブの間や呼吸、リズム感を体に覚え込ませやすいからです。

もちろん、日本には英語の日常はありませんから、音読などを通して、意図的にこの「運動」を行わなければなりません。「修行」であるゆえんです。僕はこの時期、家族以外では、ジャッキーさんと一番長く時間をともにしていました。ジャッキーさんとだけ英語を話していたのですから、僕の身体にはジャッキーさん一人の英語の運動感覚が染み込んでいたのです。確かに、残っているテープの当時の僕の英語を聴くと、まるでスコットランドの少女のようです。

●いざ、サンディエゴ市長杯へ

僕の手元に、ある新聞記事の切り抜きがあります。昭和五七年（一九八二年）六月一九日の『神戸新聞』朝刊の「三木版」のトップ記事です。「日本一目指し横山君」「花開いた英会話好き」の見出しが躍り、僕がジャッキーさんと大西先生からレッスンを受けている写真が大きく紙面を飾っています。取材は校長室で受けました。僕の全国大会出場を校長先生が喜び、全校あげて応援してくださったのです。

この朝刊が出た日、僕は大西先生と一緒に東京に向けて出発しました。神戸電鉄の三木駅まで、両親が車で送ってくれ、新神戸駅から新幹線に乗りました。

新幹線が新大阪駅に入ると、大西先生は僕に「横山、発車のベルが鳴ったら、もう話しかけるな」とおっしゃいました。新大阪から東京までの三時間で雑誌の「タイム」の読破に挑戦する、とおっしゃるのです。

実は、松本道弘《まつもとみちひろ》先生が大阪の商社に勤めておられた時代、東京出張の際、新大阪までの新幹線の車中、三時間のあいだに、「タイム」をカバーツーカバー（cover to cover）で読み切るチャレンジをなさっていた逸話があります。カバーツーカバーとは、表紙から裏表紙まで、つまり最初から最後まで、ということです。新大阪の発車のベルとともに読み始め、東京到

【コラム】英語学習と運動感覚

英語学習と「身体」には、密接な関係があります。英語は、むしろ体育に近いと言ってもいいかもしれません。英語は「リズム」の言葉です。英語のコミュニケーションでは「発音」が大事と思われがちですが、実は英語が伝わるかどうかのカギとなるのは「リズム」であり、「アクセント」です。

たとえば、英語には20以上の母音があります。日本語の「あ」に当たる音だけでも、[ɑ]［æ]［ʌ]［ə］の4つがあります。これら20あまりの母音を、すべて「あいまい母音」と呼ばれる［ə］に置き換えて、数ヶ月暮らしてみた言語学者がいるそうです。

発音が一番大事なら、すべての母音を［ə］にしてしまうと、コミュニケーションは決して成り立たないはずです。ところが、案に相違して、八割方は通じたと報告されています。英語のコミュニケーションが、発音ではなくリズムによって行われていることを、よく物語るエピソードです。

英語のリズムやアクセントを体得するには、実際に自分の身体を使って練習（運動）するしかありません。只管朗読（音読）を通して、英語舌と英語口を作り、同時に英語耳を作ります。発音できる音は、聞き取れるものです。

野球選手がひたすら素振りに打ち込むように、英語学習者も毎日欠かさず英語の素振り——音読に打ち込まなければなりません。

着のアナウンスがあるまでが勝負と、一心に「タイム」に挑んだ松本先生の姿には、本で読むだけでも、鬼気《きき》迫るものがありました。大西先生は松本先生に私淑《ししゅく》しておられましたので、このことが念頭にあったのだと思います。

言うまでもなく「タイム」は、「ニューズウィーク」と並び、アメリカの知識人が読む週刊誌です。とくに「タイム」は語彙《ごい》や表現が難しく、カバーツーカバーを三時間で読むのは、並大抵のことではありません。松本先生の英語道でも、三段くらいでなければできないとされていたと思います。

どれくらい時間がたったでしょうか、車窓に富士山が見えかかった頃、大西先生は「タイム」を読むのをやめ、おもむろにカバンからポータブルラジオを取り出して、窓際に置きました。大西先生がチューニングすると、勢いよく英語が流れてきました。FEN（Far East Network／米軍極東放送網）でした。

「横山、東京の人はええなあ、こうしていつでもAMでFENが聴けるんやからなあ」と、僕の左隣でしみじみおっしゃった大西先生の言葉を、あれから四〇年経《た》った今でも、僕ははっきり思い出すことができます。現在ではAFN（American Forces Network／米軍放送網）と改称されていますが、当時、関西でFENを聴くためには、特別な短波のアンテナが必要で、しかも限られた時間しか受信できず、英語学習者にはまさに垂涎《すいぜん》のラジオ放送でした。僕は、ラジオからマシンガンのように流れてくる生の英語に「すごいなあ」と感心し、同時に、大西先生の英語への情熱に改めて心を打たれたのです。

確か明治神宮に参拝して回転寿司に行き、その夜は、南青山の「東京青山会館」に宿泊しました。「公立学校共済組合」とありましたから、ひょっとしたら、大西先生が上京時に利用されていたのかもしれません。部屋でつけたテレビで、たまたま当時トップアイドルだった田原俊彦《たはらとしひこ》さんが、ごく至近の原宿からの生中継で「原宿キッス」を歌っていて、興奮して母に電話をしたことを覚えています。

ちなみに、田原さんは、当時空前の社会ブームにもなったテレビドラマ「3年B組金八《きんぱち》先生」の第1シリーズに出演しておられました。ドラマの中学校の卒業式と僕の中学校の卒業式が、同じ一九八〇年三月でリアルに重なったこともあり、僕はまるで同期の仲間のように感じていました。おこがましいことですが、同じ年に卒業した田原さんがこんなにがんばっているのだから、僕も負けずにがんばらなければ、と思ったのです。

翌六月二〇日、午後一時から、上智大学三号館四階でサンディエゴ市長杯をかけた「第四回全国高校米英会話弁論大会」の決定戦が開催されました。直前にスピーチ順を決める抽選が行われ、なんと、僕は一番を引いてしまいました。とくに質疑応答がどのように進められるのか、二、三人の様子を見て、と思っていた僕は、すっかり動転してしまいました。あれよあれよという間にコンテストは始まり、気がついたら僕は壇上に立っていました。それでも、なんとか気持ちを落ち着かせ、間違うことなくスピーチを終えることができました。

次は、質疑応答です。僕と質問者のアメリカ人男性が壇上に並べられた椅子に座り、スピーチの内容について自由に会話をします。全国のスピーチ強豪校の出場者やその保護者、引率の先生方が注視する中、ほとんどまったく記憶がないほど、必死で受け答えをしましたが、「子供を捨てる親もいる」ということを言いたいのに、abandon という単語が出てこず、throw away でごまかして、最後まで「しまった」という思いを引きずっていたことだけは、はっきり覚えています。

ただ、全員のスピーチを聞いても、発音だけは決して誰にも負けてはいないと思いました。最後まで「きっと優勝できるはずだ」と信じて結果発表に臨みましたが、優勝どころか、四位にすら入賞することができませんでした。その敗北の理由は、ちょうど一年後、僕が大学生になってから知ることになります。

手元に残っているパンフレットには、終了時間は午後五時とありますから、四ツ谷駅から東京、新神戸、湊川《みなとがわ》と乗り継いで、神戸電鉄の三木駅に着いたのは、きっと夜の一一時頃だったはずです。三木駅には、大西先生へのお礼の菓子折りを持って、両親が迎えにきてくれていました。

僕の顔を見ても、両親は何も言いませんでした。母はやさしく笑って、「疲れたやろ、お風呂沸いとるで」と言っただけでした。僕は、両親から「勉強しなさい」という言葉を一度も聞いたことがありません。子どもがやりたいことを見つけるまで、黙ってじっと待ち、ひとたび見つけたら、それをとことん応援してくれました。学校の勉強はサボりまくり、スピーチの練習に明け暮れていても、試験週間などお構いなしに空手の稽古に通っても、二人は僕を信じ抜き、僕の好きなようにやらせてくれました。それは、僕が歳《とし》を取ってからもずっと、二人が亡くなる最後の最後まで、変わりませんでした。

このスピーチ・コンテストでも、普通の親なら、一緒に上京したと思うのです。しかし、二人は僕を信じ、大西先生を信じて、ついてくることはしませんでした。僕の人生の最大の恩人は、間違いなく両親であり、僕の英語人生は、ひとえにこの父母あってのものでした。

●アメリカから来た友人

ジャッキーさんは、僕が高三の一学期で一年の任期を終え、別の高校に赴任していきました。僕は高三の夏休みに、人生最初で最後の英会話学校に通っています。ＥＣＣ外語学院の「夏期集中」です。ＥＣＣは関西では名門の英会話学校で、一度授業を受けてみたいと思っていました。貯《た》めたお小遣いとお年玉で、せめて夏だけでも通うことにしたのです。高校生ではただ一人、一番上のクラスに入り、帰国子女の大学生や国際舞台で活躍するビジネスマンの中でも十分にやっていける自信は持てたのですが、僕が通った三宮《さんのみや》校までは、自転車や乗り換えも含めれば、片道二時間はかかり、僕はすっかり電車酔いして、リタイアしてしまいました。

高三の夏休みに英会話学校とは、いったい大学受験はどうしていたのか、と思われるかもしれません。本当に、何も考えていませんでした。実はこの夏休みに、空手の前田先生のご近所に、ユタ州のソルトレイクシティから、「リーくん」というアメリカ人の大学生がホームステイにやってきました。僕の村では空前にして、今のところ絶後の出来事です。なんでも大学の先生がおられて、そのお宅にホームステイに来たとのことでした。

紹介してもらったところ、お互い年が近いこともあり、すぐに意気投合しました。しかも、リーくんは、大学を卒業したら空軍に入りたいという希望を持っていて、空手に強い興味を示しました。

前田先生は自衛官あがりの武闘派で、いきなりリーくんに「どこからでもかかってこい」とおっしゃり、僕がそれをそのまま英語にすると、なんと、リーくんは本当に全力で前田先生に飛びかかっていきました。もはや空手ではない、何でもありの組討ちでした。

自衛隊の格闘術だったのでしょうか、最後には前田先生がリーくんをねじ伏せましたが、このようなとき、日本人なら、たとえそう言われても、本気でかかっていったりしません。日本人の武術家が外国人を指導していてのばされて、恥をかいたという話をよく聞くのは、日本人の敬意を込めた「出来レース」を想定しているからです。改めて、英語に腹芸はないのだと思い知らされた出来事でした。

この年の夏休みは、ほとんどリーくんと一緒にいたと思います。僕の家に遊びにきたり、高校のESSのメンバーや大西先生とも交流したりしました。熱心な英語学習者ならきっと経験があると思いますが、東後先生はじめ、片っ端からいろいろな先生の英語を聞かせて、どんな反応をするかを確かめたりしたものです。

リーくんは、夏休みが終わると帰っていきましたが、その後しばらく、僕たちはカセットテープで「声」の文通をしていました。リーくんは帰国直後から逆ホームシックになっていて、ほどなく日本に戻ってきたのでしょうか、隣町の加古川《かこがわ》市の女性と知り合い、結婚したと聞きました。

また、明石の本部道場に稽古に行ったところ、見覚えのある大柄な外国人がいました。驚いたことに、前年出場した「神戸市長杯兵庫県高等学校英語弁論大会」で審査員の一人だったYMCA講師のアメリカ人、ケヴィン・モナハンさんでした。モナハンさんはまだ白帯で、空手では僕の方がずっと先輩ですから、いろいろ指導したり、お宅に伺ったりするようになりました。

モナハンさんは、僕には英語は教えたがらず、空手のことしか話しませんでした。考えてみればあたりまえで、「実用英語」とは「実際に用をなす」という意味です。何が「実用」的かは、どんな「日常」を送っているかによって、人それぞれに違うはずです。少なくとも、僕とモナハンさんにとっての「日常会話」は、共通の習いごとである「空手」についての会話でしたし、モナハンさんを相手にする限り、僕にとっての「実用英語」は「空手」に関する英語でした。

モナハンさんが僕の英語を直さなかった理由は、他にもあったと思います。一つは、モナハンさんが「イギリスで暮らしていたのか」と聞くほど、ジャッキーさんのスコットランド英語が僕の身に染みていたことです。そしてもう一つは、すでに僕の英語が、コミュニケーションのツールとしては十分すぎるレベルに達していたということです。

事実、リーくんを大西先生に紹介し、興味津々《しんしん》で大西先生の英語についての感想を求めたところ、リーくんがいともあっさり〝You're doing better, Mark.〟（マークのほうが上手いよ）と返してきて、とても驚いたことがあります（まだ巽塾でつけてもらったMarkというニックネームを使っていました）。

「タイム」の三時間読破に挑むほどの英語の使い手は、当時も今も、全国にそう多くはいません。ですから、僕が英語のリタラシー（語彙や教養）で大西先生にまさっていたなどということは、断じてあり得ない話です。しかし、オーラシー（話し言葉の運用能力）だけなら、あるいはリーくんの言う通りで、今日のＣＥＦＲ（ヨーロッパ共通参照枠）では、自立あるいは熟達した言語使用者に該当するＢ２かＣ１レベルに到達していたはずです。

もし今の僕が当時の僕に出会えたら、強く「オムニボア」の段階に進んでいくよう促すでしょう。全身全霊で、英語〝を〟学ぶのではなく、英語〝で〟学ぶようすすめると思います。

しかし、このときの僕の頭の中は、「サンディエゴ市長杯の雪辱を遂げ、必ず英語スピーチ日本一になる」という思いでいっぱいでした。

●大学受験へ

大学進学を考え始めたのは、九月に入ってからです。すぐに京都外国語大学外国語学部英米語学科を受験しようと決めました。単純に英語を勉強するから外大の英米語学科、そしてESS（英語研究会）に入ってスピーチをするからESSの強い京都外大という発想でした。

関西圏の外大と言うと、国立の大阪外大（現在の大阪大学外国語学部）、市立の神戸外大、そして私立では関西外大と京都外大の四校がありました。僕は高校の授業はサボりまくっていて、とくに理系科目は大の苦手でした。したがって、共通一次（のちのセンター試験）がある大阪外大と神戸外大は、最初から選択肢にはなかったのですが、仮にすべてを受験できたとしても（そして私立は授業料が高いという事情を考慮しなければ）、やはり僕は京都外大を選んだと思います。

当時、京都外大は関西における英語の梁山泊《りょうざんぱく》でした。松本道弘先生の『英語道』（プレジデント社）には、松本先生が関西学院大学の学生時代に打倒を誓った「関西一の英語の使い手」として、当時の京都外大ESS部長、岩田静治《いわたせいじ》先生（のちの京都産業大学教授）のことが出てきます。「英語の宮本武蔵」を自称する松本先生が、「英語の佐々木小次郎」と見た相手

【コラム】獲得目標を持つ

僕は空手道師範で、最高位の八段です。そのように自己紹介すると、決まって「瓦《かわら》が何枚割れますか」とか、「世界大会で優勝できますね」などと返ってくるのですが、それは「武道」と「競技」を混同してしまった間違いです。

「段位」は武道的な強さや練度を示すもの、一方、「競技大会の順位」は競技的な強さを示すものです。高段者だからといって競技で上位入賞できるわけではありませんし、競技の世界チャンピオンだからといって高段位になれるわけでも師範になれるわけでもありません。空手の修行そのものは、死ぬまで続くのですから、競技は武道のほんの一部にすぎないと言っていいでしょう。

英語における「競技」が、TOEIC や TOEFL、英検などの資格試験です。資格試験(とりわけすぐに高得点の取れる TOEIC)は、学習者を英語道に導く「方便《ほうべん》」にはなり得ますが、僕自身は、それらを英語学習の目的に掲げたことは一度もありませんでした。

英語は、その人の人生そのものです。どんな英語を話したいかは、どんな人生を生きたいかと同じです。英語弁論大会の準備のプロセスは、只管朗読と只管筆写そのものであり、トータルな英語の四技能の鍛錬として理想的なものです。英語道の「段位審査」として、中高生や大学生、社会人のみなさんも、ぜひ、弁論大会にチャレンジしてみてほしいと思います。

です。

『英語道』では、二人の巌流島《がんりゅうじま》対決は、松本先生が「試合に負けて勝負で勝った」ことになっていますが、僕には、どう読んでも岩田先生のほうが「強い」ように思えました。戦時中の少年たちを夢中にさせた小説『姿三四郎《すがたさんしろう》』に、主人公の柔道家・姿三四郎の宿敵として、桧垣源之助《ひがきげんのすけ》という空手家が登場します。実は当時、三四郎より源之助のほうがはるかに強く感じ、柔道ではなく、敵役の空手を始めた少年が多くいたそうです。おかしな譬《たと》えですが、僕が岩田先生に惹《ひ》かれたのは、それと似ていた気がします。

大西先生からも「ええ大学や」というお墨付きを得て、僕は、一二月に行われる京都外大の推薦入学試験を受けることにしました。当時の京都外大の偏差値は、立命館と並ぶ62―63くらい、「受験戦争」と呼ばれた時代背景もあって、さすがに一般入試では難しいと考えたのです。

蓋《ふた》を開けてみると、英米語学科の定員が三〇〇名のところ、推薦入試だけで七一三六名が受験しており、さすがの僕も、英語の筆記試験に備えて、生まれてはじめての受験勉強をすることにしました。とは言え、当時の受験生なら誰でもやった「シケ単」――『試験にでる英単語』（森一郎、青春出版社）を覚えただけです（いわゆる「出る単」ですが、関西では「シケ単」と呼ばれていました。「マクドナルド」を「マック」ではなく「マクド」と呼ぶなど、関西人は昔から東京への対抗心が強いようです）。僕はオーラシー一辺倒の英語学習をしてきており、リタラシーが決定的に不足しています。難しい評論や雑誌記事が出たら、まったくお手上げだと思ったのです。

「シケ単」は徹底した「一語一義」（一つの単語に一つの訳語）形式で、難単語が多く、非常に覚えづらいものでした。また、発音記号の読み方を知りませんし、今のように音声教材がついているわけでもありませんので、とにかく「見たらわかる」ように、発音も綴《つづ》りもそっちのけで見出し語の「顔」と「意味」だけを覚えるという、めちゃくちゃな丸暗記をしました。もちろん、受験が終わったらすべて雲散霧消《うんさんむしょう》です。そんな受験勉強をしながら、相変わらず英語三昧、空手三昧の日々をすごして、受験当日を迎えました。

試験日は昭和五七年（一九八二年）二月一二日の日曜日で、大学が斡旋《あっせん》してくれた京都駅付近の「日本旅館」に前泊、朝は大学のバスで移動しました。試験科目は英語と小論文、そして面接です。英語の長文問題では、予想以上に「シケ単」が威力を発揮し、驚きました。

小論文は、「異文化理解と英語」がテーマでした。何の対策もしていませんでしたが、ジャッキーさんやリーくんとの交流でリアルな経験を持っていましたし、僕は小学生の頃から作文コンクールで入賞するなど、文章を書くことが大好きで、慣れない「である」調を使いながら、大きな手応えを持って原稿用紙を埋めることができました。

最後の面接は、若い先生と年配の先生、お二人がご担当でした。入学してすぐ再会することになりますが、若い先生は後年「英語コーパス研究」の先駆者となる英語学者の赤野《あかの》一郎《いちろう》先生、そして年配の先生はすでにアラブ学の泰斗《たいと》として有名だった田中四郎《たなかしろう》先生でした。

田中先生が僕の出願書類を見ながら「スピーチの全国大会に出ておられるんですね」とおっしゃると、赤野先生が「少し、やってみてくれますか」と促されました。僕は、ここぞとばかり、サンディエゴ市長杯で発表した"Filial Piety and Gratitude"の出だしを暗唱しました。終わると、田中先生は赤野先生に「上手いのか」と聞かれ、赤野先生は「はい、英検以上です」と、これも一言一句この通りにおっしゃいました。僕はこのとき、はっきりと合格を確信しました。

「入学後、どんなことを学びたいか」という問いに、僕は「ESSに入ってスピーチをがんばりたい」と答えました。いま、自分が入学試験の面接を担当する立場になって、さすがに高校生が建学の精神や教育理念を語るのは嘘《うそ》くさいとしても、せめて大学のカリキュラムに絡めた、もう少しましな受け答えはなかったのかとは思います。しかし、「英語バカ」の僕らしい正直な答えであり、とにかく、こうして僕の大学入試は無事、終わったのでした。

帰路、市バスで京都駅に向かう車中、京都の街並みを眺めながら、春から始まる新しい生活を思い描いていました。そして、五日後の一七日には合格発表があり、僕は念願の合格通知を手にしたのです。

それから高校を卒業までが大変でした。僕は学校の授業はそっちのけで英会話と空手に熱中していましたから、嫌いな数学や理科の科目は、赤点ばかりでした。京都外大の推薦入試にかろうじて出願できたのは、得意な文系科目でそれなりの成績を取っていたからですが、まったく試験勉強をしなかったため、英語ですら最高で一〇段階評価の九でした。「どうしてこの勉強をしなければならないのか、その意味を教えてくれなければやらない」などと反抗しては、理系の先生方を困らせていました。同じ中学校から別の高校に進んだ同窓生たちのあいだでは、「横山くんは数学と理科の授業に出ていない」という噂が広まっていたそうです。

とくに生物と化学の成績が悪く、校長先生の計らいで、一日、学校中の草むしりをして卒業させてもらいました。公立校でこんなことが可能だったのは、当時の社会のおおらかさに加えて、校長先生のリベラルな教育方針があったからだと思います。ジャッキーさんや大西先生を招致してくださったのも校長先生ですし、僕は本当に幸せだったと思います。

そして、春本先生がおられなければ、僕の中学時代はなかったように、大西先生がおられなければ、僕の高校時代はありませんでした。のちに母が「高校時代は大西先生、大西先生で、大西先生がおられなかったら（一日が）始まらなかった」と語ったほど、僕は大西先生を尊敬していました。

大西先生は、その後すぐに学区のトップ校に転勤され、大学の非常勤講師をなさったりもしながら、「英語教育」（大修館書店）などの雑誌に積極的に論文を発表されます。まさにジャッキーさんの招致がなければ、僕は大西先生と出会えなかったわけで、そのめぐり合わせには感謝してもし切れません。


一九八三年の三月に僕は高校を卒業し、大学入学までのわずかな期間ですが、三木市の「ダルマヤ」という老舗《しにせ》の家電販売店で、生まれてはじめてのアルバイトを経験しました。その期間、ずっと店内のテレビに、パイオニアの新製品で「バイブレーション」というミニコンポのＣＭが流れていました。とても春らしいアカペラの曲でした。今でもこの曲を聞くと、高校を卒業したばかりのさみしさと、大学生活を目前に控えた期待感とが入り交じった当時の気持ちを思い出します。そして、バイト期間を終えると、ダルマヤさんで下宿生活のための家電製品一式を購入しました。ちなみに、ＣＭで流れていた曲は、ティモシー・シュミットによるザ・タイムスのカバーで、"So Much in Love" でした。

一方、空手では、京都に行っても稽古を続けられるようにと、長岡京市の黒川威真雄《くろかわいまお》先生をご紹介いただきました。僕が所属していた覚心館連盟の総長、揖保宗明《いぼむねあき》先生は、播州《ばんしゅう》地方でつとに知られた達人でした。黒川先生は揖保先生の古い門弟で、お若い頃は住み込みで内弟子もなさったことがあるとうかがい、黒川先生のところに通うのもまた、僕の大きな楽しみになりました。もちろん、英語と同様、空手の修行は一日も欠かさずに続け、京都に発つ直前の三月二六日の昇段審査で、一般部の二段に昇段しました。

第3章　イマージョンの時代2――大学入学～大学2年

●新生活

下宿は京都外大から徒歩一〇分くらい、天神川《てんじんがわ》沿いの四畳半一間《よじようはんひとま》の部屋にしました。もちろん、トイレは共同、お風呂も共用のシャワーがあるだけでした。両親が車に荷物を積んで、一緒に来てくれました。母がきれいに掃除をし、じゅうたんを敷いて荷ほどきをして、僕の新しい城をつくってくれました。二人が帰ったあとは、とてもさみしく不安でしたが、同時に、これから始まる外大での日々に胸をふくらませていました。

入学式の日、最初に迎えた試練は「部勧誘」でした。入学式を終えて外に出ると、おおぜいの先輩たちに取り囲まれ、それぞれの部活動に見学に来るよう誘われます。僕は気楽に、応援団と空手部、ボクシング部の見学の勧誘に応じ、申し込み用紙に名前を書いてしまいました。ところが、あとから聞いた話では、これら三つの部の見学は地獄で、とりわけ応援団は、ひとたび見学を申し込んだら決して入部を断ることはできず、今では信じがたいことですが、それを苦に退学する新入生までいるということでした。そんなわけで、僕は翌日から厄介な部トップスリーに見学に行き、入部を断らなければならない羽目になりました。

最初に行ったのはボクシング部です。僕も含め、見学に来た新入生の男子学生数名が、リング上の隅に正座させられ、目の前で先輩が目まぐるしくシャドーボクシングをして威圧します。恐怖で顔が引きつっている学生もいました。その日はそれだけで、「また明日も来るように」と言われて、帰されました。

次は、応援団です。団長の前に一人ずつ進み出て、入団の意思を確認されます。僕は、はっきり「ESSに入部するので、入団できません」と答えました。すると、団長は「それが本当なら、英語で自己紹介してみろ。おれが認めたら許してやる」と言うのです。やはりあとから知ったところでは、団長は英米語学科の学生で、とても英会話に自信のある人だったそうです。

僕は、「兵庫県の三木市《みきし》から来た横山征尚《よこやままさひさ》です。入学前からずっとESSに入ろうと決めていました」と、英語で話し始めました。すると、途端に団長の顔色が変わり、「せっかくお誘いいただいたのにすみません」と締め括《くく》ると、団長は「もうええわ」とひとことだけ言って、僕は解放されました。空手部の見学では、「応援団を断ってきました」と言っただけで、あっさり無罪放免、ボクシング部も二日目からは行かなくてよくなりました。

空手二段なのだし、空手部は考えなかったのか、と思われるかもしれません。僕が志す空手は、大学空手のようなスポーツ競技ではなく、伝統的な武道空手です。何より僕は「達人」に憧れていて、黒川先生に習うと決めていましたので、空手部への入部は、まったく考えていませんでした。

●英語漬けの大学生活

晴れてESS部員となった僕は、新入生英語暗唱《あんしょう》大会に向けて猛練習を開始しました。新入生は、まずアメリカ英語かイギリス英語かを決めさせられます。もちろん、僕は迷わずイギリス英語を選びました。僕は、さっそく母に電話をしてリンガフォンのイギリス英語コースを買ってもらいました。まだカセットテープの時代で、ウォークマンも普及していませんから、下宿でひたすらリスニングとリピートを繰り返しました。いつの間にか、ESS部内の僕のニックネームは「ブリティッシュ」になっていました。

僕は、どうせイギリス英語をやるなら「オックスブリッジ語」を身につけようと思っていました。「オックスブリッジ」(Oxbridge)は、オックスフォード(Oxford)とケンブリッジ(Cambridge)を合わせた言葉で、オックスフォード大学とケンブリッジ大学で使われている特別な英語がオックスブリッジ語です。

実は、当時の京都外大には、ケンブリッジ大学出身のろじゃめいちん先生がおられました（僕が入学したときには中京大学に移り、非常勤講師としてお見えになっていました）。司馬《しば》遼太郎《りょうたろう》さんの「街道をゆく1」では「竹内《たけのうち》街道編」のほとんど主役として登場し、誇り高い正真正銘のオックスブリッジ語話者として紹介されています。司馬さんは、日本語学者として来日しためいちん先生の外務省に対する保証人で、「私の日本語をつねに反省させてくれる……気むずかしい青年」と記しておられます。Roger Machinをひらがな表記するほどの日本好きで、極端なアメリカ英語嫌い、同じくらいのＥＳＳ嫌いときており、先輩たちの話では、絶対にＥＳＳ活動でめいちん先生に相談にいってはならない、とのことでした。

さすがの僕も、これには恐れをなし、発音学のパトリック・ジェームス先生にモデル・リーディングをお願いすることにしました。ジェームス先生はアメリカ人ですが、ケンブリッジ大学の大学院で学んだ方で、とてもきれいなオックスブリッジ語を話しておられました。

発音学の授業が終わったあと、原稿を朗読してくださり、それをテープに録音しました。初見の朗読だったため、ところどころ考えたり間違えたりしながらで、僕は少し不満でしたが、とにかくジェームス先生の朗読をベースに、デリバリーの仕方にアレンジを加えていきました。

オックスブリッジ語はそのアクセントに特徴がありますが、発音も非常に気取っていて、とくに［ou］の二重母音は、思い切り鼻にかけて［au］と発音します。僕はこの音を強調し、完璧と思えるオックスブリッジ語のパフォーマンスを完成させました。

予選を順調に勝ち進んだ僕は、本戦で自分なりに作り上げたオックスブリッジ語による暗唱を披露しました。結果発表の前に、三名の審査員がコメントをなさいました。そのうちのお一人、当時のＥＳＳ顧問で京都外大助教授だった峠敏之《とうげとしゆき》先生のコメントは、テープを起こして忠実に記すと、「今日は一人、とてもよくできる人がいました。僕は１００点をつけていますが、ジャッジング・シートには、“It's a matter of taste.”とだけ書いています。つまり、ちょっとやりすぎたなあ、という感じで、僕の好みには合わなかったのですが、他の人と比べるとoutstanding――とてもよくできる人だと思います」というものでした。それは僕のことで、結果は優勝、返してもらったジャッジング・シートには、先生がおっしゃった通り、大きく「１００」と書かれ、“It's a matter of taste.”（好みの問題だ）とありました。

峠先生は京都外大ＥＳＳのＯＢで、岩田《いわた》静治《せいじ》先生の同時期の後輩とのことでした。英米語学科のご卒業ですが、ご専門は行動心理学で、アメリカでＭＡを取得、長年アメリカのコミユニティ・カレッジで心理学を教えて、母校に戻られた方でした。学内では、英語力は京都外大史上一で、あるいは岩田先生以上、とも言われていました。

峠先生の英語は「いぶし銀」という言葉がぴったりで、アメリカ人やイギリス人の英語以上にかっこよく、はるかに魅力的でした。日本人ならどんな達人にでもかすかに感じられる日本語の訛《なま》りが微塵《みじん》もなく、ゆっくりかみしめるように発せられる英語は、どんな早口のネイティブが相手でも、決してその「間合い」や呼吸を乱すことがありませんでした。

峠先生の英語はアメリカ英語をベースにしていましたが、たとえばJapanの［æ］の音は、あえてイギリス英語の［ɑː］に変えるなど、「自分がいいと思う音は、アメリカ英語でもイギリス英語でも関係なく取り入れて、自分の英語を作った」とおっしゃっていました。つまり、ネイティブ英語のただの猿真似《さるまね》ではない、オンリーワンの「峠英語」でした。そして、やはりその基礎は、留学前、日本において作ったとのことでした。リンガフォンを再生しすぎて、テープが伸び切り、使い物にならなくなったとも聞きました。ウォークマンなどない時代に、どうやったらテープが伸び切るのか、ちょっと想像がつきません。

この点で、東後《とうご》先生と似ていたかもしれません。完璧な英語の発音を求めて「総入れ歯」にしたという噂《うわさ》がまことしやかに流れた（実際には前歯からわずかに漏れる音が気になり矯正した）東後先生は、『英語ひとすじの道』の中で、「私の英語は今でもアメリカ人が聞くとイギリス訛りと言われ、イギリス人が聞くとアメリカ訛りと言われます」と述べておられますが、峠先生と同じく、一つ一つの音やピッチを、「アメリカ英語かイギリス英語か」にこだわることなく、細部に至るまで、ご自身の工夫でコントロールされていたように感じます。

僕は、東後先生の英語をはじめて聞いたとき、不思議なことにネイティブの英語以上に惹《ひ》かれたと先述しましたが、それはこのような理由によるものだったと思います。

そしてもう一つ、峠先生は、僕がはじめてリアルに出会った「インテグリティ（integrity）」のある英語を使う日本人でした。"integrity"は日本語に訳しづらい言葉ですが、「人格的一貫性」とでも言えばいいのでしょうか。

たとえば、日本語ではおとなしいのに、英語になると人格が変わって明るく饒舌《じょうぜつ》になる、という帰国子女がいます。もちろん、そのような外国語の効用を否定はしませんが、同じ帰国子女でも、アポロ宇宙船の月着陸を同時通訳したことで知られる西山千《にしやません》先生は、日本語と英語でまったく印象が変わりませんでした。先生の「人格」が、日本語で話しているのか、英語で話しているのか、まったくわからないほど、英語と日本語において、しかもきわめて高いレベルで、統一されていました。峠先生は、帰国子女ではなく、そのような英語の極み

【コラム】イギリス英語かアメリカ英語か

「アメリカ英語とイギリス英語のどちらを学んだらいいですか」と、よくたずねられます。結論から言うと、どちらでもいいでしょう。それらの英語に、アメリカ人とイギリス人のあいだでコミュニケーションが成立しないほどの違いはありません。

ただ、日本人が英語を学ぶ場合、イギリス英語に慣れた耳でアメリカ英語を聴くより、アメリカ英語に慣れた耳でイギリス英語を聴く方が、比較的楽だと思います。というのも、アメリカ英語には、「反《そ》り舌《じた》音」と呼ばれる[r]の音や、[t]の音が母音にはさまれたときに「ら」行の音に近くなる「弾《はじ》き音」など、独特の音変化や音連結があるからです。

いずれにせよ、どちらかの英語をしっかり学べば、もう一方の英語だけでなく、カナダ英語もオーストラリア英語も難なく理解できます（カナダ英語はアメリカ英語、オーストラリア英語はイギリス英語に分類できます）。ただし、「守破離《しゆはり》」（152ページ参照）の「守《しゆ》」の段階で、一度にこれらの英語を真似ることはしてはなりません。

また、もっと大切なのは、「グローバル時代なのだから、ジャパニーズ・イングリッシュでよい」などと、下手の言い訳をしないことです。英語学習の過程で、結果として表現や発音が日本的になってしまうのは仕方がないとしても、あくまでわれわれ日本人がお手本とし、目指すべきは、ネイティブの英語です。

に行き着いた日本人でした。

ただ、峠先生はつねづね「自分は心理学の先生であって、英語の先生ではない」とおっしゃり、ほとんどＥＳＳの活動には顔を出されませんでした。僕は、峠先生に個人的に大変お世話になることになるのですが、それはまだ少し先のことです。

僕は、次に京都外大の代表としてＫＦＣ（京都全大学ＥＳＳ連盟）の新入生英語暗唱大会に出場し、ここでも優勝します。ＫＦＣには、京大、同志社、立命館、京都外大、京都教育大、京都産業大、龍谷《りゅうこく》大、同志社女子大、京都女子大、ノートルダム女子大の一〇の大学が加盟していました。

●「スピーチ日本一」、新たな目標は定まった

そして、僕は六月に開かれる「第六回全日本学生英語弁論大会」に照準を定めました。これは、当時京都外大で毎年開催されていたもので、ＫＦＣはもちろん、東京大学や一橋大学、慶應義塾《けいおうぎじゅく》大学、早稲田《わせだ》大学など、関東の強豪ＥＳＳも参加する非常にレベルの高い大会の一つとして知られていました。優勝者は、懸賞としてアメリカ西海岸へ一ヶ月派遣されます。サンディエゴ市長杯からちょうど一年、あのときの無念を晴らすときがやってきたのです。

ホスト校として京都外大には二名枠があり、校内大会で一位と二位に入賞した者が全国大会に出場することができます。もちろん、この大会には、ＥＳＳの一年生だけではなく、上級生も出場します。僕は、高二の時に使った〝Life's Crossroads〟に手直しをして、先輩たちに挑むことにしました。スピーチの内容は、およそ次のようなものでした。

中学の図書委員だった僕は、植木鉢の世話をしていました。放課後はほとんど誰も来ない図書室で、水をやったり、日の当たる場所に移したりして、いつくしんでいたら、一枚の葉っぱが木の根元に落ちました。捨ててしまうのもかわいそうで、そのままにしていると、しだいに乾いて土色になり、やがて土に戻っていきました。

こうして一枚の落葉は、土の一部となることで、ふたたびこの小さな鉢の中で生き、木のいのちに貢献します。このいのちのめぐりに気がついたとき、僕は涙ぐんでいました。そして、世界はこのように、すべての生きとし生けるものがつながった大いなるいのちの世界なのだ、ということを知ったのです。

校内大会の予選の審査員の一人としてお見えになったのが、現在サイマル・インターナショナル専属通訳者として活躍されている京都外大ＯＢの倉澤良仁《くらさわよしひと》さんでした。倉澤さんは当時ＥＣＣ高等専門学校京都校の講師をしておられ、その後紆余曲折《うよきよくせつ》を経て、四二歳で会議通訳者になられます。

二〇一五年に出版された倉澤さんの『田舎少年が挑んだ会議通訳者への道』（セルパ出版）を読むと、僕とあまりに似た英語の道を歩んでおられることに驚かされます。ただ、倉澤さんのほうがはるかに早く「オムニボア」の段階に進んでおられるのですが、もちろんそんなことを、このときの僕は知る由もありません。

倉澤さんは、僕のスピーチをとても気に入ってくださいました。ただ、「自分は好きだし、高く評価するが、このスピーチで全日本は難しいだろう」と、はっきりおっしゃいました。

スピーチ・コンテストのいわば「受験術」として、「勝てるスピーチ」には、まず「意外性」、そしてその意外な気づきを、席を立ったらすぐにでも行動に移せる「具体性」が必要です。もちろん、そのように聴衆を説得するために、印象に残る「金言」を紹介し、それをスピーチの最後に繰り返すなどの「型」があります。

僕のスピーチは、“Life's Crossroads” にせよ、サンディエゴ市長杯で使った “Filial Piety and Gratitude” にせよ、とくに何の主張もない、すぐれて内発的で詩情的な「ひとりごと」

でした。そして、このことこそ、僕がサンディエゴ市長杯で勝てなかった理由だったのです。

高校時代、ジャッキーさんや大西先生は、そのような視点で指導してくださることはありませんでした。ネイティブだからといって、みんながみんなパブリック・スピーキングに通じているわけではなく、おそらくジャッキーさんもまた、中学の春本《はるもと》先生同様、手探りで指導してくれていたのだと思います。

校内大会の本戦では、峠先生が審査員のお一人でした。結果は一位でしたが、峠先生はいみじくも倉澤さんと同じことを指摘されました。実は、峠先生は紋切り型の「スピーチ術」が嫌いで、なるべくスピーチ大会の審査員は引き受けないようにされていたそうです。

二人のESSのレジェンドに評価してもらえたのは、非常に光栄なことではありましたが、逆に「それでは勝てない」という意味でもあり、果たせるかな、僕の全日本大会での結果は三位、サンディエゴ市長杯の雪辱を遂げることはできませんでした。このときから、ふたたび「スピーチ日本一」を目指して、僕の猛烈な修行が始まります。

●もう一人のロールモデル

それと同時に、僕を取り巻くESS内の空気は、少しずつ微妙なものになり始めていました。入部してわずか二ヶ月で、二年生や三年生の先輩を差し置き、部内の頂点に立ってしまった僕は、にもかかわらず、あまりにナイーブで無邪気すぎました。僕が気づかなかっただけで、あまりに規格外で「異形《いぎょう》」な僕の存在は、部内の摩擦や軋轢《あつれき》の原因となっていたのです。

一方、空手は毎週日曜日に、阪急電鉄の長岡天神《ながおかてんじん》駅近くの黒川先生のご自宅に伺い、一対一の指導を受けるようになっていました。当時、黒川先生は四三歳、名簿上は覚心館《かくしんかん》京都府本部館長ということになっていましたが、活動実態はなく、お宅の庭や近くの広場、あるいは公民館で稽古をしました。

当時は週休一日、土曜日も仕事や学校がありましたから、お子さんたちにしてみれば、日曜は唯一、お父さんと過ごすことができる日です。その日に、午前中は稽古、お昼と夜のご飯までいただいて帰る、という厚かましさで、さぞ迷惑だったと思うのですが、先生の奥様も、二人の小学生のお子さんたちも、いつも家族同然に迎えてくださいました。

ここで僕は、沖縄発祥の空手は本土に渡って近代化され、その身体性が大きく改変されたこと、われわれが行っている覚心館の空手も純粋な空手とは言えないこと、などを知りました。そして、「本当は宗家《そうけ》に習うのが一番いい」という黒川先生の言葉が、ずっと僕の心に

【コラム】スピーチ原稿を書く②

英語弁論大会が「英語大会」なのか「弁論大会」なのか、という議論をよく聞きます。英語大会であれば、発音やアクセント、デリバリーやアイコンタクトなど、英語そのものの上手《うま》さで順位が決まることになります。弁論大会であれば、スピーチの内容そのものが順位を決めるでしょう。

もちろん、英語で行う弁論大会なのですから、どちらも大事であるに違いないのですが、論理的帰結として、英語“を”学ぶ高校までは「英語大会」の比重が高く、英語“で”学ぶ大学からは「弁論大会」の比重が高くなるはずです。

大学生がスピーチを行う場合は、できるだけ自分自身の専攻する学問分野と連関するテーマを選ぶべきでしょう。いずれにせよ、英語道の実践としては、どんなに拙《つたな》い内容でも、「どうしてもこのテーマで話したい」という内発性を大切にしてほしいと思います。

スピーチ作成は、まず日本語の原稿を用意してそれを英訳するのではなく、おおまかな論理構成だけを決めておき、いきなり英語で書き出すようにします。

添削を受ける際は、どんなに下手な英語でもかまいませんから、自分なりに「これ以上は書けない」という精一杯のものを見てもらうようにしてください。適当な走り書きを見てもらうのは、失礼である上に無意味です。推敲《すいこう》に推敲を重ねた原稿を直してもらってはじめて、英語道での成長があるのです。

残ることになります。「宗家」とは、糸東流《しとうりゅう》二代宗家、摩文仁賢榮《まぶにけんえい》先生のことです。昭和の初期に沖縄からはじめて本土に空手をもたらした摩文仁賢和《けんわ》先生のご子息で、大阪にご在住でした。

少しずつ回数を減らしながら、黒川先生のお宅へは、およそ一年通ったと思います。一年生の一〇月には、明石《あかし》市《し》民会館大ホールで開かれた覚心館創立三五周年記念演武大会に、黒川先生の代理としてスーツを着て出席したりもしました。

回数が減ったのは、ＥＳＳの活動があまりに忙しくなったからです。京都外大のＥＳＳでは、五月の新入生英語暗唱大会が終わると、スピーチ、ディベート、ガイド、ドラマの四つのセクションのいずれかに分かれて活動することになっていました。僕は、入部直後から仲良くしていた友人に押される形で、ディベート・セクションに入っていました。

当時の大学ＥＳＳが行っていたのは五人制ディベートだったのですが、ディベート・セクションには二年生、三年生がおらず、もし一年生で五人集まらなければ、その年度の四年生の卒業をもって廃止になるということで、僕が入ってちょうど五人でした。実を言うと、スピーチ・セクションでなくてもスピーチ大会には出られるため、僕にとっては、どちらでもかまわなかったのです。

そしてディベート・セクションの活動を始めたばかりの頃、僕は、峠先生と並んで大学時代の僕に計り知れない影響を与えた倉田誠《くらたまこと》先生（現京都外国語大学教授）と出会っています。僕よりも七歳年上の倉田先生は、一九八〇年に京都外大の英米語学科を卒業されたあと、インディアナ大学大学院に留学、一年半でMAを取得し、まさに僕が入学した一九八三年に、母校の助手として戻ってきておられたのです。

当時のESS部長の案内で、倉田先生は各セクションを回り、英語で挨拶をされました。そのアメリカ英語は、全部員の度肝を抜きました。バリトン歌手さながらの中低音の大きな声は、倍音がかかって豊かに響き、しかもスーパーヘビー級のボクサーがパンチを連打するように、パワーで圧倒し、ねじ伏せる「ストロング・イングリッシュ」でした。いみじくも一九八三年に漫画「北斗《ほくと》の拳」の連載が始まっていますが、峠先生がトキとすれば、倉田先生はラオウ、そんな譬《たと》えがぴったりな感じがしました。そして、このお二人が、僕の京都外大におけるロールモデルとなったのです。

実は、倉田先生と先の倉澤さんは、一九七六年度入学の同期で、しかも同じ「く」で始まるため同じクラス、良きライバルとして切磋《せっさ》琢磨《たくま》した親友でした。峠先生のオールイングリッシュの授業に最後まで残ったのは、お二人だけだったとも聞きました。倉田先生はESS

のＯＢではありませんでしたが、倉澤さんは二年生までＥＳＳに所属されていたそうです。倉澤さんの『田舎少年が挑んだ会議通訳者への道』には、「元々関心が高かった宗教や哲学的領域への傾斜が強くなり、それとともにＥＳＳ活動にある種のマンネリズムを感じるようになった」とあります。"Life's Crossroads" を気に入ってくださったはずです。

●ディベートとの出会い

ディベート・セクションには二年生、三年生がいませんから、引退した四年生の先輩たちが、僕たち一年生を指導してくれました。

さまざまな意見の中から「共通の結論」を導き出すディスカッションとは違い、ディベートに妥協はありません。一つの命題をめぐって肯定側（Affirmative）と否定側（Negative）が真っ向から対決し、勝敗を決します。五人制ディベートでは、交互に基調演説（constructive speech）を行ったあと、反ばく（rebuttal）の応酬があり、最終弁論（summary speech）へと続きます。僕は、スピーチが得意だということで、最初のうちは基調演説を任されることが多かったのですが、最終弁論しだいでは一発逆転もよくあるため、最終弁論を担当することも多くなりました。

個人戦のスピーチとは違い、団体戦のディベートはチームワークも重要で、非常に苦労しましたが、KFCの新入生ディベート大会では、見事優勝することができました。

大学ESSのディベートは、西日本はウエスト・ジャパン、東日本はイースト・ジャパンという組織が統《す》べており、その頂上決戦「イースト・ウエスト」は、全国の大学生ディベーターが憧れる夢の舞台でした。

その年の「イースト・ウエスト」を目指す全国のディベート大会の命題は、KDUという関西の全大学が参加する組織の夏の合宿で発表されました。「サラ金を規制すべきか」というもので、京都大学のカール・ベッカー先生が講師としてお見えになり、その社会的背景を解説してくださいました。〝loan shark（サラ金）〟という言葉は、このときに覚えました。

ちなみに、ベッカー先生は国際臨死体験学会の創始者としても知られる死生学《しせいがく》の世界的第一人者ですが、高校時代にイリノイ州のディベート・チャンピオンになった経験があり、当時から日本の大学ESSにおけるアカデミック・ディベートの普及に尽力されていました。

合宿から帰ると、毎日図書館にこもり切り、肯定・否定両方の証拠を集めて「エビデンス・カード」を作成しました。日本語の資料は英訳しなければならないため、夜に騒いでもかまわない男子部員の下宿に集まり、徹夜でその作業をします。まるでスポーツの遠征さな

【コラム】ディベートとロジック

ディベートを学ぶ人が最初に教わるのが「ロジック」で、「三角ロジック」とも呼ばれますが、これは松本道弘先生の言う「英語の心」であり、英語ネイティブの無意識的な思考様式です。

詳しいことは、『高校生のための論理思考トレーニング』(ちくま新書)や『ロジカル・リーディング』(大和書房)をお読みいただければと思いますが、ディベートの前提となっているのは、英語コミュニケーションにおける「言論の自由」とは、「論証責任」を果たす限りにおいて認められるものであり、その手続きの道具こそが、三角ロジックだということです。

「ダブルバインド」理論を提唱したことで知られるグレゴリー・ベイトソンは、ロジックの上位にある「メタロジック」として、「場」と「関係性」を指摘しています。たとえば、“I love you.”という言葉は、「場」や「関係性」によって、さまざまに意味を変えます。仮装行列という「場」で女装した2人の男性が言う“I love you.”や、ラブラブの恋人同士、マンネリの恋人同士という「関係性」において交わされる“I love you.”は、すべてまったく意味が違うはずです。

ディベートは、こうしたメタロジックにはあえて目をつぶり、言葉通りの三角ロジックだけで戦う“verbal boxing(言葉のボクシング)”です。その意味で、ディベートは英語コミュニケーションの「形式」を習得するのに、もっとも効率的な方法と言えます。

がら、他大学のキャンパスに乗り込み、練習試合をしました。

二年生、三年生を主体とする強豪チームがひしめく中で、一年生だけの京都外大ＥＳＳのディベート・チームは、なんと、ＫＦＣ大会の決勝戦まで勝ち進みました。

ディベートでは肯定側か否定側、どちらか好きな立場を選べるわけではなく、試合前に代表がじゃんけんをして決めます。ですから、どちらになってもいいように、事前に周到な準備をするのです。

決勝戦では「サラ金を規制すべきでない」という非常に不利な立場に立つことになり、圧倒的に差をつけられたまま、僕の最終弁論になりました。僕は全力で反論を試み、一人のジャッジに判定を覆させることに成功しました。結果は2対1の負けだったものの、「言葉のボクシング」と呼ばれるディベートの醍醐味《だいごみ》を、僕は体いっぱいに感じていました。

友人に無理やり引き込まれたディベートでしたが、僕の英語の将来にとって、ある意味では、スピーチよりはるかに大きな意味を持つことになります。「ロジカル」な思考とは何かを、僕はディベートから学びました。のちに僕の代名詞となる「三角ロジック」と出会ったのも、ディベートを通してです（当時は金野《こんの》洋《よう》先生の教科書くらいしかなく、まだ単に「ロジック」と呼ばれていました）。

●勝つスピーチ

一方、スピーチは、次の六月の全日本学生英語弁論大会に向け、必勝作戦を立てました。すなわち、自分が本当に訴えたいことというよりは、スピーチ大会で「うける」ネタを探し、それに合うエピソードをでっち上げるという「受験術」を徹底的に実践したのです。

そして、考えたのが〝Ladies Last〟というスピーチでした。「レディファーストばかりが能ではない。ときに女性を後回しにしたほうがよいことがある」という、実にたわいもない内容でした。これを支える体験談として、「成人式で着物を着ている彼女をタクシーに乗せるとき、レディファーストしたら、乗り方が悪く、着物がしわになり、彼女が涙ぐんでしまった」というウソの話を作り出しました（成人式は翌年の一月でしたが、大会までには終わっているので、このような設定になりました）。

倉澤さんや峠先生が、もっとも嫌うスピーチだったと思います。今の僕が審査員なら、やはりもっとも軽蔑するだろうスピーチでした。しかし、当時の僕は「スピーチで日本一になる」という一念、ただそれだけだったのです。

大会は翌年の六月、すでに一年生の秋には〝Ladies Last〟は出来上がっていました。スピーチのネイティブ・チェックを誰にしてもらうか、誰にモデル・リーディングを依頼するか、いろいろ考えて、僕は、やはり当時京都外大の教授を務めておられたジェイムズ・カーカップ先生にお願いすることにしました。

カーカップ先生は高名な英国人詩人で、高校や大学の教科書の英文も数多く執筆されていました。ただ、三、四年生や大学院の授業をご担当になっていて、一年生の僕は、これまで気後れして話しかけられなかったのです。

実は、自分なりに工夫したオックスブリッジ語は、ディベートの丁々発止《ちょうちょうはっし》のやり取りの中で崩れ始めていました。周囲がアメリカ英語というより、文法的にもほとんどめちゃくちゃなブロークン・イングリッシュで、全日本で優勝するためには、もう一度、発音を修正する必要がありました。

カーカップ先生の研究室にお伺いし、事情を説明すると、快くお引き受けくださいました。添削されてきたスピーチは、さすがは有名詩人と思わせる修辞や表現に富み、まるで見違えるようでした。その英語は「ＢＢＣ英語」と呼ばれる伝統的なイギリス英語でした。また、劇作家でもあった先生は、「朗読法」の授業もご担当になっているほど演出が得意で、素晴らしいモデル・リーディングを録音することができました。

カーカップ先生の朗読の完コピは、あっという間に終わりました。あとは自分らしい間《ま》や呼吸にするだけです。夜な夜な、自転車で京都の大通りを徘徊《はいかい》し、大声でスピーチの練習をし、何度も喉を潰しました。英語を聞きすぎて、鼻血を出したのも、この頃です。

●オックスブリッジ語を獲得したい！

カーカップ先生は、ダラム大学のご出身でした。オックスブリッジに次ぐ名門ではあるもののの、その意味では本物のオックスブリッジ語話者ではありません。僕はどうしても、ろじゃめいちん先生が気になって仕方がありませんでした。今度こそ、全日本学生英語弁論大会で優勝するために、できることは何でもしたい。その思いで、僕は意を決し、めいちん先生にもモデル・リーディングをお願いすることにしました。

僕は、めいちん先生が講義を終え、非常勤講師室に戻ってこられるところを待ち伏せし、"Excuse me, Professor Machin. I'm Masahisa Yokoyama, a freshman from the Department of English and American Studies. I have a favor I would like to ask you."（失礼いたします、めいちん先生。私は英米語学科の横山征尚《まさひさ》と申します。お願いしたいことがあるのですが）と、精一杯のオックスブリッジ語のアクセントで話しかけました。しかし、めいちん先生はまっすぐ前を向いたまま、迷惑そうに、目の前のハエを追い払うような仕草を見せて、部屋に入ってしまいました。

　こうなると、僕の負けず嫌いに火がつきます。僕は先生のご自宅に、今度は日本語で電話をしました（当時は教員の連絡先がオープンになっていました）。最大級の敬語で自己紹介をし、「オックスブリッジ語を学びたいのですが、京都外大にはその生粋《きっすい》の話者がおられず、どうしても先生にご指導いただきたいのです」と伝えました。すると、意外や意外、めいちん先生はあっさりお引き受けくださったのです。

　めいちん先生がＥＳＳ部員を毛嫌いしていたのは、われわれが英語ネイティブを単なる英会話の練習相手としか見ていなかったからだと思います。自分はあくまで日本語学者であるという強い矜持《きょうじ》を持ち、司馬《しば》遼太郎《りょうたろう》さんには「日本の国語学に貢献しようと思ってきた」と、覚悟を語られたそうです。「ろじゃめいちん」という風変わりな名前も、その思いの表れだったに違いありません。僕とめいちん先生との会話は、すべて日本語でした。僕は、あれほど日本語の上手な外国人に出会ったことがありません。

　さすがに、めいちん先生には、カーカップ先生の添削を受けたことは隠していました。カーカップ先生に見てもらっているのですから、英語はまったく直されることはありませんでしたが、"Ladies Last"よりも"Ladies After"のほうがいいのではないか、という指摘を受けました。オックスブリッジ語では、[ɑː]の音をことさらに強調します。このスピーチの構成は、最後にタイトルをゆっくり口にして終わるというものだったので、この[ɑː]の音で、よりオックスブリッジ語らしさを出せるように、ということだったのかもしれません。

英語バカならわかってくださるはずですが、僕は、めいちん先生がジェームス先生やカーカップ先生の英語をどう思っておられるのか、興味津々《しんしん》でした。「ジェームス先生もオックスブリッジ語を使っておられますが」と切り出すと、にべもなく「猿真似のね」とおっしゃり、カーカップ先生については「三流詩人だ」と、まさに取りつく島もありませんでした。司馬遼太郎さんが「言葉についてはとほうもない偏屈者」と記した誇り高いオックスブリッジ語話者の片鱗《へんりん》を見た気がしました。

めいちん先生は、ジェームス先生やカーカップ先生のように、僕の目の前で録音することはなさらず、自宅でテープに録って持ってきてくださいました。その英語を聞いたときの驚きは忘れられません。本物のオックスブリッジ語とはこのようなものか、と思うくらい、ジェームス先生やカーカップ先生の英語とは違っていました。

しかし、悩んだ末に、僕はめいちん先生の英語を真似することはしませんでした。それは、やはり僕が本当のオックスブリッジの学生ではなかったからです。めいちん先生だからこそ気品を感じるのであって、もし日本人の僕がこれほど気取った英語を使ったら、きっと聴衆の失笑を買うだろうと思いました。結局、僕はカーカップ先生流のＢＢＣ英語を使い、タイトルは"Ladies Last"で行くことにしました。

この頃の僕は、大学に通っていたというより、ＥＳＳに通っていたようなもので、毎日部室に入り浸り、スピーチとディベートに明け暮れていました。授業もいわゆる「パンキョー」（一般教養科目）にはほとんど出席せず、定期試験すら時間がもったいないと、いつも適当に答えて早々に提出しては、外でスピーチの練習をしていました。

また、学習塾でアルバイトも始めました。スピーチ・セクションの四年生の女性の先輩が、就職活動で続けられなくなって、僕に譲ってくださったのです。中学二年生の男子のクラスを教えました。五文型も知らない僕が英文法を教えるのですから、今思えば本当に気の毒です。ただ英文を読み上げ、意味を取るだけの授業でした。それでも、みな僕を慕い、「わかりやすい」と褒めてくれました。やがて塾長から「英会話を教えてほしい」と言われ、塾長の知り合いだったのでしょうか、ＯＬの方の個人レッスンもするようになりました。

●スピーチ日本一への道は？

当時、京都外大では小川芳男《おがわよしお》先生や中屋健一《なかやけんいち》先生など、錚々《そうそう》たる先生方が教鞭《きょうべん》を執《と》っておられました。言うまでもなく、小川先生は東京外大の学長も務めた英語学の大家、中屋先生は東大教養学科アメリカ分科の元主任教授で、実は小浪充《こなみたかし》先生の大学院時代の指導教官だった方です。

それぞれ定年退官され、京都外大の教授としてお出《い》でになっていたわけですが、僕はこのとき、英語学であれアメリカ研究であれ、「オムニボア」の段階に進んでいくには、絶好の環境に身を置いていました。まさか将来の師となる小浪先生のかつての指導教官がすぐそこにおられるなどとはつゆ知らず、僕は長すぎる「イマージョン」の時代を、ただ死に物狂いで生きていました。

一一月の「外大祭」には、ＥＳＳも出し物をしました。ドラマ・セクションが「マイ・フェア・レディ」の公演をし、友人の熱演に心から感動しました。この友人は中国語学科の学生でしたが、卒業後は劇団四季に入ります。ＥＳＳの先輩に劇団四季に入って活躍しておられる方がいて、その後を追ったのです。これもまた、英語バカが英語に導かれ、ドラマという世界を切り広げていった素晴らしい「オムニボア」の道だったと思います。

僕は、スピーチ・セクションが開催した英語弁論大会に出場しました。もちろん"Ladies Last"は温存し、数日で適当なスピーチを作りました。ところが、当日すっかり寝すごしてしまい、先の劇団四季に入る友人が下宿に起こしにきて、着の身着のまま自転車で駆けつけるという失態を演じてしまいます。そのまま校庭の特設ステージに上がり、寝癖のついたボサボサの髪で、しかもほとんど準備なしの即興スピーチをしました。結果は優勝でしたが、審査委員長だった倉田誠先生から「もっと練習せなあかんわ」と、こっぴどく叱られたのを、懐かしく思い出します。

ことほどさように、僕は明らかに慢心していました。この慢心は、翌年の「第七回全日本学生英語弁論大会」の前哨戦《ぜんしょうせん》となる校内大会で、はっきりと表れます。審査委員長は倉田誠先生、残る二人の審査員は、ちょうど来日しておられた倉田先生の大学院時代のアメリカ人の友人でした。

出場者はスピーチを終えると、審査員とその内容について質疑応答をします。質疑応答は審査の対象にはならず、普通は当たりさわりのないやり取りで終わるのですが、お二人のアメリカ人が大変なディベーターで、僕のところだけ、質疑応答がほとんど白熱したディベートのようになってしまいました。もともと大会で勝つためだけに書いたスピーチですし、特段内容に思い入れもなく、僕は面倒くさくなってしまって、「もうこの先は控室で話しましょう」などと、チェアマンを差し置き、質疑応答を打ち切ってしまいました。

このあまりに不遜な態度について、倉田先生は最後のコメントで、ＥＳＳの執行部に向かって“If the Q&A sessions are not taken into account, I don't think we have to go through these nerve-racking processes.”（もし質疑応答を考慮に入れないのなら、こんな面倒なプロセスを経る必要はない）と強く異例の申し入れをし、“If the contents of Q&A sessions had been evaluated, then the first might have been the second, and the second might have been the first.”（もし質疑応答の内容が評価されていたら、一位が二位になり、二位が一位になっていたかもしれない）とおっしゃいました。先生の怒気のこもった口調とともに、はっきりとこのときの英語を思い出すことができます。

「第七回全日本英語弁論大会」は、一九八四年六月二四日の日曜日に開催されました。結果は優勝でした。しかし、僕にとっては、この全日本大会は消化試合にすぎず、授賞式のあいだも、その結果を当然のこととして受け止めている醒《さ》めた自分がいました。

入学して以来、ただひたすら「スピーチ日本一」になるという一心で、誰よりも努力し、この栄冠を勝ち取りました。にもかかわらず、不思議なことに、高三のサンディエゴ市長杯のときのような生々しい記憶や感慨がありません。嬉《うれ》しかったはずなのに、僕にはこの大会当日の思い出が何もないのです。

第4章　オムニボアの時代1——大学2年〜大学卒業

●てんやわんやのアメリカ行

母が大切に保管してくれていた「第七回全日本学生英語弁論大会」のパンフレットには、「入賞者五名中、原則として上位より一名をＩＬＳがグループ・リーダーとしてアメリカ西海岸へ一ヶ月派遣、ＩＬＳの行なう面接により決定」とあります。ＩＬＳというのは当時全国展開していた海外留学・研修を手がける旅行代理店で、大会スポンサーとして懸賞を出していたのです。

僕は梅田にあった大阪支店で面接を受け、夏休みの三週間、カリフォルニアのベーカーズフィールド（Bakersfield）にホームステイに行くことになりました。大阪の米国総領事館でパスポートを取り、母方の祖父のスーツケースを貸してもらって、出発の準備をしました。実は、ＩＬＳから「経費」として一〇万円をもらい、不思議に思っていたのですが、その理由を、僕は出発の空港で知ることになります。

出発は八月一日、一三時四五分のパンアメリカン航空八三〇便で、一一時三〇分に大阪国際空港（伊丹《いたみ》）国際線出発ロビー一階のパンアメリカン航空カウンター前に集合することになっていました。空港には、両親と妹二人が見送りにきてくれました。ＥＳＳからは、当時大学院二年でサンフランシスコ州立大学への留学が決まっていた横山仁視《よこやまひとし》さん（現京都女子大学准教授）が、出発直前にもかかわらず、来てくださいました。

横山さんは、僕がＥＳＳに入部して以来、すでに引退しておられるにもかかわらず、僕の微妙な立場を察してか、何かにつけて、僕のことを気にかけ、可愛がってくださっていました。一年の留学のあいだ、自分の蔵書とカセットのコレクションをすべて僕に預けていかれたほどです。「自由に読んでいいよ、聞いていいよ」ということでした。カセットの中には、ＮＨＫ「ラジオ英語会話」の土曜日のコーヒーブレイクで、東後勝明《とうごかつあき》先生と西山千《にしやません》先生が英語で対談した幻の回を録音したものまであり、まさに宝の庫《くら》でした。

今思えば、ＥＳＳからの見送りが、ＯＢの横山さんを除いてはゼロだったということが、僕をめぐるＥＳＳの状況をよく物語り、さらに帰国後の展開を暗示していました。

はじめてのアメリカ、はじめての飛行機に、緊張と興奮で前夜は一睡もできませんでした。空港で父母の顔を見て心から安堵《あんど》したのも束の間、ＩＬＳの社員に呼ばれました。行ってみると、ＩＬＳのホームステイ・プログラムに参加する人たちが数十名集まっていました。高校生や大学生、社会人の方も多く、おそらくははじめてのアメリカに不安そうな表情を浮かべています。彼らは、ロサンゼルス空港でいくつかのグループに分かれ、各地のホームステイ先に向かうことになっていました。

ILSの説明では、このうち、僕はベーカーズフィールドに行く五名の「グループ・リーダー」として、一緒にホームステイを経験すればいい、とのことでした。ところが、僕は胸にILSのバッジを付けさせられ、彼ら数十名の前に立たされて、「こちらが、ロサンゼルス空港までみなさんをご案内くださる横山さんです。困ったことがあったら、横山さんに聞いてください」と紹介されてしまいました。パンフレットにあった「グループ・リーダー」とは、要は「添乗員」のことだったのです。そして、もらった一〇万円は「バイト代」でした。英会話ブームでホームステイ希望者が激増しており、人手が足りない中での「懸賞」にかこつけた体のいい便利づかいだったのかもしれません。

僕がリーダーを務める五名は、大阪から参加する高校生が三名、ここに成田から中学生二名が合流してきました。機内では、いろいろなグループの方から、しょっちゅう「添乗員さん」と呼びつけられました。何しろ、僕自身がはじめて飛行機に乗り、はじめて入国を経験するわけですから、あまりのプレッシャーに、鼻血が出てしまいました。

大変だったのは、出入国カードと税関申告書が配られたときで、僕が担当の五名のところにばかり行くので、OLとおぼしき方からひどく叱責されてしまいました。

ロサンゼルス空港に着いてからも、全員が僕のあとについてこようとします。入国審査は終えたものの、いったいどこで現地の方に引き継げばいいのかわからず、まごまごしていると、やはり社会人のみなさんから「あなたがそんなことでどうするんですか！」と、大きな声で叱られます。もちろん、費用を払っている顧客からすれば、当然のことです。とにかく片っ端から空港のスタッフにたずねまくって、なんとか引き渡しを終えました。今さらながら、頼りない添乗員で、本当に申し訳なかったと思っています。

●にわか添乗員の奮闘

僕を含む六名のベーカーズフィールド組は、ロサンゼルス空港からバスで移動することになっていました。約三時間かかったと記憶しています。僕はバスの運転手さんと仲良くなり、ベーカーズフィールドで降りるとき、引き継ぐ相手に"He knows English."（彼は英語がわかるよ）と言ってくれました。たまたま、推薦入試の面接官でもあった赤野一郎先生の授業で、「アメリカ人は、まず外人のことを"know English"とは褒めない。言われたらよほどのことだ」と聞いていて、とても嬉《うれ》しかったことをよく覚えています。

ベーカーズフィールドでは、僕自身もホームステイさせていただきながら、午前中は英会話のレッスンの通訳、午後も各ホームステイ先からの問い合わせの対応に大忙しでした。問い合わせのほとんどは、「私たちに満足していないのではないか」というものでした。「冷蔵庫を自由に開けて、使っていいのよ」と言っているのに、まったくそうしない。何かしてあげても、何も言わない。何か不満でもあるのではないか、と言うのです。

僕は、日本人の「腹芸《はらげい》」について説明しました。日本人のコミュニケーションには「ホンネとタテマエ」があり、たとえば家をたずねて「またいつでも来てくださいね」と言われても、それを真《ま》に受け、本当にたずねていったら迷惑がられるとか、日本人は言われたことを額面通りには受け取らないものだと説明すると、とても驚き、感謝されました。日本語には「言わぬが花」という言葉があって、本当の気持ちは言葉には出さないのが美徳とされていること、実際には彼らはとても満足して感謝していることなどを伝えました。

また、グループのメンバーには、なるべく思うことは口にするように指導しました。何かしてもらったら、必ず“Thank you.”と言うこと、寝る前には“Good night, and I love you.”ということ、その二つを実践するだけで、あっという間に彼らとホスト・ファミリーの関係はよくなりました。

高校生の一人がパスポートの入ったポシェットを失くしてしまい、ロサンゼルスの日本総領事館に連絡を取ったりするなど、不測の事態も経験しましたが、英語で不自由することは、まったくありませんでした。考えてみれば、このとき僕は大学二年の一九歳、よくぞこれだけのことをやったと思います。

アメリカでつけていた日記には「糸東流《しとうりゅう》英語道開眼！」と書いてあります。「糸東流」はもちろん僕の空手の流派のことですが、ホスト・ブラザーの大学生から「ベッドではなく床に寝る日本人は非文明的だ」と言われたことに腹を立て、「日本人が床に寝るのは、タタミだからだ。タタミは、イグサという植物を乾燥させて編み込んだ敷き物で、湿気の多い夏には涼しく、冬には暖かい日本の伝統文化の産物だ」と英語でまくし立て、論破したとあります。

小学校の体育館で開かれたフェアウェル・パーティーでは、壇上でお礼のスピーチをしました。スピーチ大会優勝の懸賞で来たことに引っかけ、「まるでスピーチ大会の出場者のような気分です」と言っただけで、待ち構えていたように、どっと笑い声が上がり、改めてこの国はスピーチの国なのだ、と実感しました。スピーチを終えると、僕は万雷《ばんらい》の拍手喝采を浴び、壇上から降りると、たちまち大勢の人たちに取り囲まれました。「イギリス生まれなのか」とか「イギリスで育ったのか」などと聞かれ、返答に窮したものです。はじめて、本当のスピーチをした気がしました。確かに僕は、全日本大会の“Ladies Last”とは、まったく違う感動を覚えていました。

帰国の途についたのは八月二三日、往路のような他のグループはおらず、安心して空の旅を楽しむことができました。伊丹空港に着いたのは、二四日の一七時三〇分です。手元の「フライト・スケジュール」には、朝から夕方までの日本時間とロス時間の対照表が、小さく鉛筆で書き込まれています。母の字です。きっと、僕がアメリカにいるあいだじゅう、思ってくれていたのだと思います。両親が伊丹空港に迎えにきてくれたはずなのですが、実はそのときの記憶がありません。家に着いたらすぐ布団に入り、昼の三時ごろに目が覚めたことだけは、覚えています。

●ESSを追われる

僕はＩＬＳからもらった「経費」には一切手をつけず、律儀《りちぎ》に返しにいきました。そして、九月の下旬に大学に戻ると、僕がアメリカにいるあいだに、ＥＳＳの雰囲気は一変していま

「武の島」を“martial isle”と訳しています。まるで殺人鬼たちが、トーナメント優勝を目指し、嬉々《きき》として血なまぐさい闘争を繰り広げているようです。

同じように、「書道」を“calligraphy”とし、「茶道」を“tea ceremony”とするのも、あまりに記号的です。“calligraphy”という言葉からは、カラム（葦《あし》の茎のペン）で『クルアーン』を筆写するアラビア書法のイメージを受けますし、“tea ceremony”のイメージは、イギリスの上流階級の「午後の紅茶」のそれです。

真のバイリンガル（bilingual）とは、バイカルチャル（bicultural）のことです。観光ガイドのように記号的に言葉を置き換えてよしとするのではなく、まったく違った言葉や表現で、背後にある文化的イメージを伝えるのです。

先の摩文仁先生の道歌を僕がバイカルチャルに英訳するなら、こんなふうになるでしょうか。

Pursuing the killing fist（殺人拳を求めて）
To kill the killing（殺すことすら殺す）
Joy is it（楽しいのは）
To row with a single heart（一心に漕ぐこと）
Toward the island of *bu*（武の島さして）
The island of the life-giving fist（活人拳の島さして）

【コラム】異文化とコミュニケーション

はじめてのアメリカで僕がつくづく感じたのは、日本文化を英語に乗せることの難しさでした。たとえば、本来「武道」にあたる言葉は、英語にはありません。「武」の作字は「戈《はこ》を止める」であり、したがって「武道」とは「戈を止める道」です。「武道」を“martial arts”（格闘技)、「武力」を“force”と訳すことは、本当はできないのです。

僕が修行している糸東流空手道の流祖、摩文仁賢和《まぶにけんわ》先生は、次のような道歌《どうか》を遺しておられます。

何事も打ち忘れたりひたすらに
　　武の島さして漕《こ》ぐが楽しき

「人に打たれず、人打たず、事なきをもととするなり」とも、「長年修行して体得した空手の技が、生涯を通して無駄になれば、空手道修行の目的が達せられたと心得よ」とも教える空手の道を、生涯かけて歩む喜びを体いっぱいに歌ったものです。ここで詠《よ》まれているのは、闘わないために闘うという逆説です。殺しに殺し、殺すことすら殺して、生かし生かされる拳。「殺人拳《せつにんけん》」の果てにある「活人拳《かつじんけん》」の世界です。

世界糸東流空手道連盟の公式訳を見てみましょう。

Forgetting mundane things
When striving for the martial isle
Paddling is joy

した。毎年八月には部の夏期合宿が開かれるのですが、そこで何かが話し合われたのかもしれません。僕は部室に呼び出され、三年生の執行部から「お前の言動が、部内の和を乱す」と非難され、それまで仲良くしていたはずのディベート・セクションのメンバーが、僕を指さし、「こんな奴《やつ》と一緒にやっていけません！」と叫びました。最後に部長が、うつむいたまま「やめてくれ」と言い、僕は呆然《ぼうぜん》としたまま、「わかりました」と答えました。

僕は、あまりに英語に純粋で、まっすぐすぎたのだと思います。そう言えば、一年前の夏期合宿のグループ・プレゼンテーションで優勝し、当然のように僕が代表して賞状を受け取ったときのことです。同じグループだった同級生の男子メンバーが、恥ずかしそうに「その賞状をもらっていいか」とたずねてきました。「今まで一度ももらったことがないから」と。京都外大のESSに入ってくるのは、きっとそれぞれの高校では英語が一番上手《うま》く、注目を浴びていた人たちのはずです。そうしたことに、僕の思いはまったく及んでいませんでした。

その帰り、三年生の女子の先輩に出会いました。彼女は、すまなさそうに「ごめんなさいね。私たちではどうすることもできなくて」と、声をかけてくれました。それを聞いた途端、どうしようもなく涙があふれてきて、止まらなくなりました。まぎれもなく、ESSは僕が入学以来、青春のすべてを捧《ささ》げた場所であり、時間でした。そのESSを突然、僕はこうして追われたのです。

一年後輩で、その後ＥＳＳの部長になったのが、暴走族ブラック・エンペラーの幹部から定時制高校を経て京都外大に進学、さらに苦学して弁護士になった金崎浩之《かねざきひろゆき》さんです。実際には僕より一歳年上だった金崎さんは、自分の過去はまったく語らず（本当にまったく語りませんでした。本気で足を洗った者の覚悟だったと思います）、「先輩、先輩」と呼んでくれていました。僕も「知らぬが仏」で、「金崎」と呼び捨てにしていました。その金崎さんが、「自分は先輩を尊敬し、信じている」という長い手紙をくれました。それがせめてもの救いであり、確かに僕がＥＳＳで生き、誰かの役に立てた証《あかし》でした。

金崎さんの『ヤンキー、弁護士になる』（講談社）に記された、京都外大に入学してから司法試験に合格するまでの熾烈《しれつ》をきわめる勉強ぶりは、ブラック・エンペラー時代のエピソードの凄絶さに匹敵するものです。英語から法律学へと大きく世界を広げていく様子は、これもまた、まぎれもなく英語バカが英語に導かれた「オムニボア」の道だったと思います。

僕もまた、知らないあいだに少しずつ、「オムニボア」の段階に向かっていました。ただ、僕の「道」が具体的なイメージを結ぶには、まだしばらく時間がかかります。

●新しい学びの場所

ＥＳＳに退部届を出した僕に、助けの手を差し伸べてくださったのは、峠敏之《とうげとしゆき》先生と倉田《くらた》誠《まこと》先生でした。「自分は英語の先生ではない」とおっしゃり、ＥＳＳ活動から距離を置かれているはずの峠先生が、「私でよければ、週に一度、研究室で英語で話しましょう」と言ってくださいました。

このときの峠先生の思いは、僕にはわかりません。修士課程二年のときに、僕はフルブライト奨学金に応募しますが、峠先生が英語で書いてくださった推薦状には、「横山くんは、すでに入学時、本学卒業以上の英語力を備えていて、本学のカリキュラムから学ぶことはなく、非常に気の毒だった」とありました。きっと、そのような思いからだったのかもしれません。

また、倉田先生は「今の君は、少なくとも大学二年のときの僕より上だ」とおっしゃって、「僕の研究室で『TIME Reading をやろう』」と、お声がけくださいました。高校時代の恩師、大西先生が三時間読破に挑んだ、あの「タイム」です。

倉田先生の研究室に行って驚きました。倉澤良仁《くらさわよしひと》さんがおられたのです。倉田先生が呼んでくださっていたのでした。

ちょうどその回に扱った「タイム」の〝cover story（特集記事）〟に、〝trailblazer〟という単語が出てきました。「開拓者」という意味で、今では一般的になっていますが、当時は最新語でした。「タイム」は、このように新しい言葉や表現を生み出す媒体としても知られます。倉田先生はこのtrailblazerを取って、「この会の名前を〝Trailblazers of Foreign Studies〟にしよう」と提案されました。京都外大のレジェンドお二人に僕が交じった、このあまりに恐れ多い会の名称は、略して〝ＴＢＦＳ〟となりました。

峠先生、倉田先生、倉澤さんは、京都外大史上、間違いなく五指に入る英語の達人であり、その実力は、まさに異次元でした。倉田先生と倉澤さんの英語のやり取りに、僕は加わることすらできませんでした。倉田先生が動とすれば、倉澤さんは静、あるいは、倉澤さんがトキだったかもしれません。

倉田先生と倉澤さんは、このとき二六歳、実は倉澤さんは、四年生の途中でいったん京都外大を退学しておられます。外務省の派遣員制度で在ネパール日本大使館に勤務、帰国後再入学して、僕が入学した一九八三年に卒業しておられました。この後すぐに東京へ転勤されてしまうので、僕は本当に幸運でした。

峠先生は、もっぱらご専門の行動心理学について、英語でお話ししてくださいました。やはり興味本位で、先生の先輩である岩田《いわた》静治《せいじ》先生のことを伺ってみたかったのですが、ついにできませんでした。しかし、岩田先生のご専門も行動心理学であったことを思うと、きっと強く影響を受けておられたに違いありません。

ちょうどこの時期、僕は英検一級に合格しています。教職課程で英検二級が必要とのことで、どうせなら一級に挑戦してみようと、受験したのです（教職課程は、単位の多さからすぐに断念します）。一次試験、二次試験とも、まったく対策なしのぶっつけ本番でした。「どんな問題が出るのか」と、おかしな言い方ですが、わくわくして取り組めました。面接も日本人の試験官をやり込めてしまったり、「こんなものか」という印象でした。同時に、京都外大のOB三傑から、いやというほど力の差を見せつけられ、「英検一級では使い物にならない」という松本道弘《まつもとみちひろ》先生の言葉の真実を痛感させられました。

また、倉田先生から『最新日米口語辞典』（朝日出版社）の暗記をすすめられ、見出しの表現と例文を丸暗記しました。松本道弘先生とエドワード・G・サイデンステッカー先生の共編による名著です。実は、僕は大学一年のときからこの辞書を愛用していて、すでに見出しの表現は、おおよそ覚えてしまっていました。

例文まで暗記したことで、僕の英語の表現は一気に豊かになりました。とは言え、一千ページ以上もある辞書ですから、すすめた倉田先生ご本人が、「本当にしたのか」と、あきれておられました。僕はこの辞書を読み込んでボロボロにし、おそらく五回は買い換えています。

この頃、倉田先生が「君の英語は、僕の影響でイギリス英語やなくなっとる」とおっしゃったことがあります。いみじくも東後先生同様、僕の英語はアメリカ人が聞けばイギリス訛《なま》り、イギリス人が聞けばアメリカ訛りがあると言われるようになっていました。

ただし、これはやはり峠先生同様、自分の意志でそうしたことです。手に入る音源のほぼすべてがアメリカ英語で、むしろイギリス英語を維持するほうが難しかった、ということもあります。アメリカ英語をベースに、学内では峠先生や倉田先生、学外では東後先生や西山先生など、かっこいいと思う英語は全部取り入れて、自分の英語を作りました。

こうしたことが半年くらい続いたでしょうか、三年生になって、いつものように倉田先生の研究室に伺うと、僕に退部を言い渡したESSの部長がいました。「彼は四年生になってESSも引退したので、今日からTBFSに参加する」ということで、倉田先生は握手をするようにおっしゃいました。その場で握手はしたものの、やはり僕は一緒にやっていくことがつらく、とても悩んだ末、TBFSをやめさせてくださるよう、倉田先生にお願いしました。そのときの倉田先生の顔は忘れることができません。自分があいだに立って仲直りさせてやろうという倉田先生のお気持ちを裏切ることになり、今なお申し訳なく思っています。

●ECC講師になる

僕は、ECC外語学院の一般英会話講師の採用試験を受けることにしました。両親はずっと僕を信じ、応援してくれていましたが、ここまで勝手なことをしている以上、せめて生活費くらいは、自分でまかないたいと思ったのです。

当時、ECCの講師採用試験は倍率一〇〇倍と言われ（真偽のほどは定かではありません）、僕は履歴書に書くためにTOEFLを受験しました。これも英検一級同様、まったく対策なしでの受験でしたが、640点を取ることができました（当時は650点が最高点と言われていました）。手の内がわからないままの受験で、「おっ、今度はこうくるか、こうきたか」と、空手の自由組手をしているような、そういう気分で楽しく「戦う」ことができました。

採用試験は、リスニングを含む筆記試験と面接で、見事合格、週四回、京都校で教えることになりました。ちなみに、TOEICは当時まだ一般的ではなく、四年後の一九九〇年に、国際ビジネスコミュニケーション協会（IIBC）のプロモーションだったのでしょうか、

【コラム】憶《おぼ》えれば良いというわけではない

僕が40年以上の英語人生で、丸暗記を試みたのは、大学受験のときの『試験にでる英単語』と、大学3年のときの『最新日米口語辞典』の2冊だけです。

『試験にでる英単語』は、綴《つづ》りも発音もそっちのけで、見出しの単語と意味をただ目に焼きつけるという覚え方でしたから、入試の長文読解で急場をしのいだ以外、今の僕の英語には何の役にも立っていません。

『最新日米口語辞典』は、まさに「斬れる英語表現辞典」で、暗記したというより、常に携帯して、暇さえあれば、むさぼるように読んでいました。それも、最初から読んでいくのではなく、パラパラとページをめくって、おもしろそうだと思う表現の説明を読んだり、訳しにくい日本語に出くわすたびに、最後の索引で調べたりしていました。

全日本学生英語弁論大会で優勝した“Ladies Last”には、この辞書の表現がちりばめられています。むしろ、できる限り「斬れる表現」が使えるよう、逆算してスピーチの内容を組み立てていったものです。

いわゆる英単語集の丸暗記は、僕自身はしたことがありませんが、自分の生徒や学生たちを見ていて、あながち意味がないわけではないとは思います。しかし、やはり彼らは、「身体」を使って覚えています。予備校時代には、単語を書いて書いて書きまくり、1日に1本、ボールペンを使い切ったという猛者もいたことを付言しておきます。

ＥＣＣ講師は無料で受験することができ、僕は満点を取っています。

ＥＣＣの採用試験と前後して、僕は洛北《らくほく》の鞍馬寺《くらまでら》によく行くようになります。『源氏物語』で、光源氏《ひかるげんじ》が若紫《わかむらさき》と運命の出会いを果たした京の奥座敷です。もともと僕が高二のときに「征尚《まさひさ》」と改名したのは、兵庫県の加西市《かさいし》にあった鞍馬寺の末寺《まつじ》（分院）の姓名判断によるものでした。昔の田舎には、何か問題があると、このように姓名判断や方位や墓相《ぼそう》の相談に行く「拝み屋さん」が、いろいろなところにありました。

一度、その末寺の法会《ほうえ》に、鞍馬寺の管長《かんちょう》（貫主《かんす》さん）がお見えになったことがあります。信楽香仁《しがらきこうにん》とおっしゃる女性の管長さんで、僕はそのご法話の素晴らしさとお人柄に感動し、京都外大に入学してからは、ＥＳＳ活動の合間に、ときどき一人で鞍馬山《くらまやま》に行き、その雄大な自然の中に身を置くのが好きでした。

ある日、僕は鞍馬寺に電話をし、「京都外大の学生なのですが、管長さんとお話させていただくことは可能でしょうか」と、大胆きわまりないお願いをしました。すると、なんと、管長さんが出てくださったのです。

その後すぐ僕は鞍馬山にのぼり、管長さんに直接お目にかかって、いろいろなお話を伺いました。管長さんの袖（そで）につぎはぎがあるのを見て、正直に「こんな大きなお寺の管長さんなのに驚いた」と伝えると、伝教大師最澄《でんきょうだいしさいちょう》の「道心《どうしん》の中に衣食《えじき》あり」という言葉を教えてくださいました。そして、「逆に、「衣食の中に道心なし」とも言うのよ」と、笑っておっしゃいました。

こんな一介の大学生を、一山の管長が親しくご引見《いんけん》くださったばかりか、玄関で三つ指をついて見送ってくださったお姿に、僕は心の底から感動し、すぐに鞍馬寺でご奉仕をさせていただくようになります。鞍馬山のほど近く、左京区の市原《いちはら》に引っ越してきたのは、一九八七年の春のことでした。僕は大学に行かないまま、四年生になっていました。

市原に引っ越した僕は、名前を「雅彦《まさひこ》」に戻しました。五年前に父が姓名判断で僕の幸せを願って改名してくれた「征尚」でしたが、考えてみれば、生まれたときにつけてくれた「雅彦」も同じことです。

ECCで働いて、少し自由になるお金ができ、僕はもう一つ、子どもの頃から憧れていたことを始めました。空手道場の開設です。明石の揖保《いぼ》先生にお願いにあがると、三段の免状を用意してくださっていて（免状代はいらないとおっしゃいました）、僕は「鞍馬覚心館《かくしんかん》」の館長に任命されました。鞍馬山麓の旧公民館の建物を借り、土足利用で泥まみれになった板張りの床を、毎日水拭きしに通いました。ようやくピカピカに磨き上がったと思ったら、すぐに村の寄り合いで、元の木阿弥《もくあみ》になります。その度に、一人で雑巾《ぞうきん》をかけたものです。

日曜も含めて週三回、村の子どもたちを教えました。会員数の増加とともに、やがて新公民館の二階に引っ越しました。一階では週に一度、歯科医の出張診療が行われていて、たびたび苦情を受けながらも、稽古を続けました。会費はひと月一〇〇〇円でしたが、払ってくれない子も多く、ずっと持ち出しでした。

ECCの授業は夕方からで、鞍馬寺に預けられた牛若丸《うしわかまる》が、夜ごと鍛錬のために鞍馬街道を駆けくだり五条大橋まで通ったように、週四回、バイクで四条河原町まで通いました。ECCの講師は、帰国子女や長い海外経験を持ったバイリンガルが多く、非常に刺激になりました。親しい友人もたくさんでき、いつの間にか、僕のニックネームは〝Bon〟になっていました。関西弁で「坊っちゃん」のことを「ボンボン」と言います。僕は最年少の講師で、しかも童顔でしたから、そのように呼ばれたのだと思います。

ECCでは講師研修が充実しており、「オーディオ・リンガル・メソッド」（ミシガン大学で生まれたため「ミシガン・メソッド」とも呼ばれます）をもとにした、まるで軍隊教練のようなパターン・プラクティスは、非常に勉強になりました。たとえば、“He is a doctor.”という文を何度も何度も追い立てるようにリピートさせます。そして“Question!”というcueを与えると、生徒たちは“Is he a doctor?”と、さっきの文を疑問文に変えます。それをまたリピートさせ、今度は“Negative!”というcueを与えます。すると、生徒たちは“He isn't a doctor.”と否定文にし、教師はまたそれをリピートさせる、という具合です。

今は、「コンテクスト」の中でとにかく英語を使ってみる「コミュニカティブ・アプローチ」が主流で、パターン・プラクティスのような方法は時代遅れとされますが、そもそも日本に自然な英語環境がない以上、僕はこの時代の取り組みを再評価すべきだと思います。ECCの初代理事長、山口勇《やまぐちいさむ》氏が「魔法の学習形態」（田崎清忠《たざききよただ》編『シリーズ英語再入門① 再入門の手引』大修館書店）と自負した二人一組のペア・プラクティスも含めて、僕はECCからたくさんのことを学び、全国優秀講師にも選ばれました。

●鞍馬寺での日々

鞍馬寺へは、普段は市原の下宿から通い、大きな祭典では泊まり込みでお手伝いをしながら、僕はだんだん、お釈迦《しゃか》さまがなさった「麻麦《まばく》の行」を、ほんの真似事《まねごと》でも経験してみたいと思うようになっていました。戦後天台宗《てんだいしゅう》から離脱した鞍馬寺には、比叡山《ひえいざん》の「十二年籠《ろう》山行《ざんぎょう》」や「千日回峰行《せんにちかいほうぎょう》」のような行はなく、「生活即信仰」が説かれていました。

お釈迦さまは、六年間、麻と麦を一粒ずつだけしか食べない苦行をなさり、その結果、苦行は無意味だと悟って、スジャータという名の村娘から乳粥《ちちがゆ》の供養を受け、そこから五〇年間のお説法の旅が始まります。

僕は、不遜にも今のお坊さんの多くは、苦行を捨てた後のお釈迦さまの言葉をただ受け売りしているだけだ、と思いました。フルマラソンを経験した者が「四二・一九五キロはしんどい」と言うのと、それを伝え聞いて「しんどい」と言うのでは、まったく意味が違います。お釈迦さまはあくまで苦行を経て苦行を否定されたのであって、そこに至る修行を体験してみなければ、実際に走ることなくフルマラソンを語るのと同じだと思ったのです。

僕は、時のローマ教皇ヨハネ・パウロ二世が「東洋の聖者」と呼んだ第二五三世天台座主《ざす》、山田《やまだ》恵《え》諦猊下《たいげいか》にお手紙を差し上げました。そして、その年の「大暑《たいしょ》」にあたる七月二三日、僕はお座主さまの里坊《さとぼう》にお招きいただきました。

約束は午後二時だというのに、すでにお昼前には坂本駅に着いていたこと、何度も里坊までの道のりを確かめ、午後二時ちょうどに玄関のチャイムを鳴らしたこと、「お座主さまは今お昼寝をしておられます」という案内を受け、本当にドキドキしながら待っていたこと、お出ましのとき、少しおみ足を引きずるように、サヤサヤと衣《きぬ》ずれの音がしたことなど、今でもはっきりと思い出すことができます。

ときあたかも比叡山延暦寺《えんりやくじ》は、八月三日と四日に、お座主さまの呼びかけで比叡山に世界の宗教指導者を集め、宗教サミットを開催しようとしていました。お座主さまは、このとき九二歳、「世界平和のためなら、死んでもよい」との覚悟で機上の人となり、ローマ教皇に直接親書を手渡し、サミットへの出席を要請されました（それは叶《かな》いませんでしたが）。僕がご引見いただいたのは、サミット開催の一〇日前であり、本当なら、考えられないことです。

その後、二度目のご引見を経て、お座主さまから直接比叡山での出家をおすすめいただき、僕は舞い上がります。ただ、僕は大学には休学の手続きすらしておらず、留年は間違いありません。そのようにお伝えすると、大学は中退しても「短大卒業」扱いとする、とまでご配慮くださり、これから継続して開かれる宗教サミットで英語力を生かしてくれれば、とのことでした（天台宗で出家すると、僧侶養成機関である「叡山学院」に入学することになりますが、「仏教研究学科」の出願資格は「短大又は大学卒業の者」でした）。

一方的に両親に出家の意思を伝え、退学手続きに必要な書類をもらいに大学に行ったときのことです。僕は、フランス語の非常勤講師として京都外大においでになっていた藤田ジャクリーン先生にお会いしました。僕は一年生のときに、藤田先生のフランス語の授業を受けていて、ちょうどその年に先生が出された『旅のひと』（宝蔵館）という本に、大変感銘を受けていました。

幼い頃サルトルの家で暮らしていたという藤田先生は、一四歳のとき、フランス語訳の『歎異抄《たんにしょう》』を読んで、親鸞聖人《しんらんしょうにん》と出会います。「読む前と読み終わった後とでは、もう読まない前の私には戻れないという気がいたしました」と述べておられます。藤田先生は、大学を卒業後、フランス語教師として「親鸞さまのお国」日本に、単身シベリア鉄道とソ連の船を乗り継ぎやってきます。そして、日本で縁のあった男性と結婚し、敬虔《けいけん》な念仏生活を送っておられるのでした。

「今は親不孝でも、永遠のいのちから見れば、これは親孝行です」と言う僕に、藤田先生は静かに、しかし毅然《きぜん》として、ただひとこと、こうおっしゃったのです。「今も無量寿《むりょうじゅ》です」――。体じゅうの熱がサーッと引いていくのを、そのとき僕ははっきり感じていました。

「無量寿」とは「無量光《むりょうこう》」とも言い、藤田先生の信仰なさっている「阿弥陀仏《あみだぶつ》」のこと、つまり「永遠のいのち」のことです。「あなたは、今この瞬間のほかに、無量寿があるとでも思っているのですか」という、藤田先生の厳しい叱咤《しった》を聞いたようでした。

僕は、改めて鞍馬の教えである「生活即信仰」の意味がわかったような気がしていました。鞍馬の管長さんはよく、「日々の生活そのものが行《ぎょう》だ」とおっしゃっていました。「私たちがするいろいろな行より、みなさんの商いやお勤めといった生活のほうが、よほどつらく厳しい行だ」と。

僕がもう一度大学に戻り、アメリカ研究をしようと決心するまで、そう時間はかかりませんでした。アメリカ研究が僕の「十二年籠山行」であり、「千日回峰行」だと思い定めたのです。

ちょうど一九八〇年代は、フランスでは「ポストモダン」、日本では「ニューアカデミズム」、アメリカでは「ニューエイジ」など、西洋近代の限界を乗り越え、新たな知のパラダイムを求める思想運動が、全世界で共時的に起こっていた時代でした。

アメリカのニューエイジ運動は、一九六〇年代のビート運動やヒッピーに代表される「対抗文化《カウンター・カルチャー》」に始まっており、宗教的で神秘主義的な側面を強く持っています。アメリカ研究としてニューエイジを研究すれば、これまでやってきたことすべてを生かすことができると考えたのです。

比叡山宗教サミットが終わったあと、お座主さまが京都市民に対して、お礼の講演をなさると知りました。僕は、会場の京都烏丸《からすま》コンベンションホールに出向き、大ホールの最前列の真ん中の席に座りました。お座主さまにお手紙を差し上げてはいましたが、もちろん直接お詫《わ》びを申し上げることはできていません。幕があがり、演壇に立たれたお座主さまが、万《ばん》雷《らい》の拍手の中、ちょっと恥ずかしそうに、何度も小さく会釈をされながら、お姿をお見せになりました。

その日、お座主さまがどんなお話をなさったか、僕は覚えていません。ただ、まっすぐにお座主さまのお顔を見上げて、「お座主さま、ありがとうございました。僕は背広を着たお坊さんになります」と、心の中で一生懸命伝えました。お座主さまは、お話をなさりながら、一瞬はっきり僕と目を合わせ、そして大きくうなずかれました。僕は涙をこらえきれなくなり、会場を出るとそのまま走って帰りました。それが、お座主さまにお目にかかった最後です。

僕は、鞍馬覚心館をたたみ、五年生として京都外大に戻りました。一、二年生のあいだはESS活動に明け暮れてろくに出席もせず、三年生の途中からはまったく学校に通っていなかったのですから、とにかく残った単位が膨大で、二年生と一緒に体育を履修しなければならないなど、本当に大変な目にあいました。

●再び学びの場へ

下宿は変わらず市原に置いたまま、朝から大学に通い、ECCで教えて、夜遅く帰るという毎日でした。僕の人間関係はECCを中心とするものになっていて、当然キャンパスに友人はいませんでしたから、常に（ときに講義中も）買ったばかりのウォークマンで英語を聴いていていました。スーツを着て現れ、ときどきスピーキングの授業で恐ろしく上手な英語を使う人がいると、噂《うわさ》になっていたそうです。

京都外大は、言語学、とりわけ生成文法（当時は変形文法と呼ばれていました）では上智《じょうち》大学と双璧をなしていましたが、アメリカ研究は弱く、ECCの同僚講師だった小野田エリ子さんが、国立大学の大学院へ行くようすすめてくれました。小野田さんが言うには、英語ができる人は研究で重宝されるので、段違いの英語力を示せば合格できる、とのことでした。小野田さんは、オックスフォード大学を卒業した帰国子女で、京都大学大学院教育学科研究科の博士後期課程に在籍していました。

今でこそ、一九九〇年代以降の「大学院重点化政策」により、多くの大学生が大学院に進学し、「ポスドク」の問題が深刻になっていますが、当時、とりわけ国立の文系の大学院に進学することは、そのまま大学教員になることを意味し、内部からでも合格は至難でした。修士課程を終えてすぐ、助手に採用されるケースもめずらしくなかった時代です。

　アメリカ研究と言えば、東大の教養学科です。しかし、ちょうどこの頃、いわゆる「東大駒場騒動」があって、僕の中にその選択肢はありませんでした。「ニューアカデミズムの旗手」と言われた中沢新一さんの教官採用人事をめぐって、東大駒場が揉《も》めに揉め、西部邁《にしべすすむ》、村上泰亮《むらかみやすすけ》、公文俊平《くもんしゅんぺい》、舛添要一《ますぞえよういち》といった有名教授らが、こぞって辞表を出し、東大を去った騒動です。

　小浪充《こなみたかし》先生のお名前を知ったのは、ほんの偶然からでした。教務課で各大学院の募集要項を見ていたら、たまたま東京外国語大学大学院に「アメリカ・カナダ研究」とあるのを見つけ、担当者が「小浪充」となっていました。図書館で調べたところ、先生の研究テーマが「開かれた世界秩序と国の個性」となっていて、そのスケールの大きさにとても惹《ひ》かれたのです。

　実は、僕は小浪先生のことをまったく知りませんでした。小浪先生がＮＨＫ「テレビ英語会話」を担当されたのは一九七四年からの三年間で、当時僕はまだ小学生でしたし、教務課で小浪先生の名前を見つけたのは、まさにご縁としか言いようがありません。後述するように、僕のアメリカ研究は、小浪先生でなければなりませんでした。

小野田さんが、小浪先生に手紙を書き、着いた頃合いを見計って、研究室に電話をするよう、アドバイスをくれました。役得でＥＣＣのワープロ教室の授業に潜り込み、後ろの席に座って講師に使い方を教わりながら、研究計画を作成しました。それを同封した手紙を差し上げたのは、一九八七年の一二月中旬だったと思います。小野田さんのアドバイス通り、年が明け、学校が始まった頃合いに、研究室に電話を差し上げました。

小浪先生は、開口一番「非常に面白い研究です」とおっしゃいました。「ご挨拶に伺いたい」とお願いしたのですが、先生のお返事は、「もう試験まで時間がありませんから、わざわざ来ることはありません。がんばってください」というものでした。

入学試験は二月でした。当時の東京外大にはまだ修士課程しかなく、外国語学研究科と地域研究研究科に分かれていて、僕は地域研究研究科を受験しました。入試科目は、英語と第二外国語のフランス語、そして専門科目の論述でした。僕はまったくフランス語ができませんので、ほとんど当てずっぽうの解答でした。

口述試験（面接）は、筆記試験の合格発表の当日に行われました。合格者が受験できるわけですが、合否を確認するために上京しなければなりません。前日はホテルに宿泊し、人生でこれ以上は緊張したことがないほど緊張して、合格者発表の掲示を見ました。すると、僕の受験番号があるではありませんか。控室で東京外大の学生なのでしょうか、「面接はただの顔見せで、もう合格は決まっている」と話しているのを聞いて、少し安心すると同時に、本当にこの大学でやっていけるのだろうかと、急に焦る気持ちにもなりました。

面接は、地域研究研究科の全教員が勢ぞろいする中、たった一人で行われました。「横山くんですね」と、一人の先生が口火を切られました。小浪先生でした。「フランス語が悪い」とあきれるようにおっしゃる他の先生をさえぎり、小浪先生は、「しかし、英語はとてもよくできますね」と微笑んで、「研究の内容も面白いです」と、他の先生方を見回すようにおっしゃいました。言外に「私が取ります」とおっしゃっているようで、それを聞き、先生方は黙ってしまわれました。それもそのはず、小浪先生は地域研究研究科の研究科長でした。

最終的な合格発表の日は、日帰りで上京しました。折からの大雪で、早朝タクシーに来てもらい、始発の新幹線に乗りました。大塚駅からもタクシーに乗り、キャンパス前で飛びおりて、掲示板に走りました。結果は合格、当時はまだ西ヶ原《にしがはら》四丁目にあったキャンパスの芝生の上を飛び回りたい気分でした。

小浪先生の研究室にご挨拶に行くと、合格した二人の女性がいました。どちらも小浪ゼミからの内部進学で、外部から合格したのは僕だけだったそうです。また、東京外大の大学院合格は、京都外大史上初で、この報は、またたく間に京都外大の教員じゅうに広がりました。

問題は、ここからです。僕は、たまりにたまった単位を取りきれず、フランス語一科目を落として、卒業できなくなってしまうのです。さすがの僕も、これには落ち込みました。東京外大の大学院に受かっているのだし、高校卒業のときの草むしりのように、きっと大学として特別な措置を講じてくれるはずだ、と内心期待もしていました。しかし、留年してしまった以上、仕方がありません。小浪先生にお詫びの電話を差し上げ、六年生として、フランス語一科目のためだけに、もう一年大学に通いました。

ＥＣＣもまた、上京することを前提に調整してもらっていたため、すでに京都校に空きはなく、絶体絶命のピンチに陥るのですが、「Ｂｏｎに来てもらえるのなら、是非ほしい」と高槻《たかつき》校の学監《がっかん》が引っ張ってくれ、高槻に通うようになりました。

そして翌年、今度は無事単位は取れたものの、大学院の入試に失敗してしまいます。一度合格しているのだから、また合格できるはずだと、たかをくくり、ほとんど準備をせずに受験した当然の結果でした。

卒業式は、元号が改まった平成元年（一九八九年）の三月二〇日でした。僕は、記念の写真撮影には出ず、別れを惜しんでいる大勢の卒業生を横目に、そっと校門を出ていこうとしたら、小野隆啓《おのたかひろ》先生が「横山くん、握手をしよう」と声をかけてくださいました。

小野先生は、倉田先生より三歳年上の京都外大ＯＢで、学部時代に生成文法の提唱者、ノーム・チョムスキー博士に手紙を送り、直接教えを受けたという逸話があります。以来、チョムスキー言語学ひとすじに生き、チョムスキー博士のお膝下《ひざもと》、マサチューセッツ工科大学の大学院言語哲学科客員研究員を務めるなど、京都外大を生成文法の一大牙城ならしめた立役者です。

小野先生は、僕の一年生のときのクラス担任でした。生成文法がまったく理解できず、ずっと敬して遠ざけていましたが、小野先生の歩まれた「道」は、言うまでもなく、京都外大のもう一つの「英語バカ一代」です。小野先生と交わした握手が、僕にとっての京都外大の卒業式でした。

第5章　オムニボアの時代2——研究生〜大学院修了

●小浪先生の下で

大学を卒業してから二年間、僕はＥＣＣ外語学院の高槻《たかつき》校で教え、一時は、このまま職員として就職してしまおうかとも考えたのですが、『地域研究の現在——既成の学問への挑戦』（大修館書店）という本を読み、やはりどうしても小浪《こなみ》先生のもとで学びたいと、思いを新たにします。

この本は、一九八七年に東京外大で開かれた国際シンポジウム「地域研究と社会諸科学」の全記録です。海外からは、エドワード・Ｔ・ホール、チャルマーズ・ジョンソン、シーラ・Ｋ・ジョンソン、国内からは、中根千枝《なかねちえ》、山崎正和《やまざきまさかず》、石井米雄《いしいよねお》といった錚々《そうそう》たる社会科学者を招き、東京外大が威信をかけて国内外に発信したシンポジウムでした。

しかし、真の意味で「既成の学問への挑戦」をしていたのは、小浪先生だけでした。小浪先生は、「平和学」の要諦《ようてい》としてロジャー・フィッシャーの「肯定可能命題」（yes-able proposition）を挙げ、それに至る道が地域研究そのものだと述べておられます。つまり、相手の国とそこに生きる人々が〝Ｙｅｓ〟と言えるような提案ができるほど、彼らをよく知り、理解する実践が地域研究であり、その意味で、地域研究とは平和に奉仕する学問だ、とおっしゃるのです。

そして、そのために小浪先生は、他者を「共感」をもって理解するための「超ディシプリン的アプローチ」を提唱されます。それは、従来「非科学」と分類されてきた領域すら研究対象に含む「芸術家（artist）のアプローチ」です。

小浪先生の地域研究は、中沢人事をめぐる駒場騒動で東大を去った教授たちが理想としながらも、実現できなかったリベラル・アーツそのものであり、しかも、そのあり方をはるかにより具体的かつラディカルに示すものでした。「背広を着たお坊さんになる」という僕の学問は、この先生のもとでなければできないと、改めて思いました。

僕は、小浪先生にお目にかかり、お許しを得て、研究生として上京することを決めました。一九九一年のことです。小浪先生に弟子入りするにしても、いきなり大学院に入るには、僕には学部レベルの前提がなさすぎます。研究生としてしっかり準備をし、その上で受験したいと考えたのです。

偶然、ちょうど僕が上京するタイミングに、小西克哉《こにしかつや》さんの『「アカデミー賞」の英語』

（光文社）が出版され、カバーの袖に小浪先生の推薦文があるのを見て、驚きました。小浪先生が、西山千《にしやません》先生や國弘正雄《くにひろまさお》先生と並ぶ同時通訳の神様のような存在で、元ＮＨＫ「テレビ英語会話」の講師であったことを知ったのは、このときです。

ちなみに、小西さんは東京外大のフランス語学科から大学院に進み、小浪ゼミに入った方で、高校時代には最難関のＡＦＳ奨学生としてアメリカに留学しておられます。デーブ・スペクターさんが「日本一英語が上手《うま》い」と絶賛し、政界一の英語の使い手だった宮澤喜一《みやざわきいち》元首相が「君の英語はいいね」とベタ褒めした逸話があります。

●英語講師人生の始まり

僕は、外語大から徒歩五分くらいの西巣鴨《にしすがも》の古いアパートを借りました。この築数十年のアパートの一室から、僕の英語人生は、新たな一歩を刻み始めることになります。ようやく長い長い「イマージョン」の時代を終え、「オムニボア」の段階へと入ったのです。

小浪先生の学部の講義とゼミを聴講しながら、ＥＣＣの池袋校と柏《かしわ》校で教え始めました。しかし、柏は非常に遠い上に、夕方からのＥＣＣの仕事だけで生活費や学費をまかなうのは難しく、時給が高い大学受験予備校で教えることを思いつきました。

学参のコーナーに行くと、たまたま平積みになっていた『有名私大に絶対合格できる本』（明日香出版社）という本が目に入りました。著者は、代々木でトフルアカデミー、町田でソフィア早慶《そうけい》予備校という予備校を経営されている西田《にしだ》忠和《ただかず》さんでした。

調べてみると、これら二つは「トフル・ソフィア」と総称される姉妹校で、一九八八年に出版された田中康夫《たなかやすお》さんの『田中康夫の大学受験講座』（マガジンハウス）でも大きく取り上げられている予備校でした。英語は首都圏最強の呼び声高く、早慶上智《じょうち》「狙い撃ち」予備校として、圧倒的な合格率を誇っていました。

僕自身は、大学入試を経験していませんし、そもそも英文法の用語をまったく知りません。しかし、トフル・ソフィアには、授業内で初見のＴＯＥＦＬの長文問題などを大量に解かせる「英文速読」という看板講座があり、僕もこれならできるのではないか、と思いました。

さっそく電話をしてみると、履歴書を送るように言われ、ほどなく「トフルアカデミーで模擬授業と面接をする」という電話がかかってきました。すでに四月の下旬で、普通ならあり得ないことですが、僕の経歴を教務部長が面白いと思ってくれたようでした。のちに数々のＴＯＥＦＬ対策本や『アメリカの中学教科書で英語を学ぶ』シリーズなどのベストセラーを出版する林功《はやしいさお》さんです。

模擬授業は、二名の「チューター」と呼ばれる現役の大学生を生徒役にして行いました。ECCでは五年のキャリアがありましたし、それまで予備校で教えたどころか、通ったことすらない僕の授業は、とても新鮮だったようです。その後の面接では、すでに採用を前提に「ゴールデンウィーク明けから、週に一度、町田に行ってくれないか」という話がありました。

こうして僕は、月曜日の午前二コマだけ、町田のソフィア早慶予備校で教えることになりました。あとからわかったことですが、前任の講師の授業アンケートが非常に悪く、教務としてどう対応するか考えていたところ、たまたま僕が応募してきたため、急遽《きゅうきょ》交代となったそうです。

月曜はECC柏校でクラスがあり、西巣鴨から町田、そこから柏、そして西巣鴨へと大移動する日になりました。

前任者から引き継いだ授業は、希望した「英文速読」ではなく、「英文法」でした。僕は、その予習を通して、受験英語の価値を再認識させられます。と言うより、毎日の予習が感動の連続でした。まるでカオスに秩序が与えられるように、自分の英語が相対化され、みるみる体系化されていくのです。

【コラム】英文法、体系を学ぶこと

武道や芸道など、日本の「道」は、「かた」の文化です。「型」は、寸分違わず伝承されなければならない鋳《い》型《がた》であり、その型の「守破離《しゅはり》」こそ、「道」の修行です。

宮本武蔵《みやもとむさし》は、『五輪書《ごりんのしょ》』で「千日の稽古を鍛とし、万日の稽古を錬とす」と述べています。道の修行者は、教わった「型」をひたすら「守」って繰り返します。そして、千日の稽古の「鍛」をもって型を「破」り、万日の稽古の「錬」をもって型を「離」れます。そうして生まれてくる自分だけの「かた」が「形」——常に変化し、めぐっている「かた」です。

この「守破離」があってはじめて、動かない「型」は、自由自在で融通《ゆうずう》無《む》碍《げ》の「形」となります。歌舞伎役者の中村勘三郎《なかむらかんざぶろう》さんが「型があるから型破り。型が無ければ、それは型無し」とおっしゃったそうですが、至極名言だと思います。

英語道の「型」は、「５文型」と「三角ロジック」、そして「ネイティブの発音」です。「型」がなければ、「型無し」のブロークン・イングリッシュになってしまいます。かと言って、「型」を知っているだけでは、何の役にも立たない、ただの鋳型です。

「型」を徹底的に内在化・身体化し、血肉を通わせて、自分だけの生きた「形」に変えなければなりません。そして、それこそが、生涯かけて追い求める英語の道の修行なのです。

とくに、「五文型」と「品詞」、「句・節」の考え方は、まさに「目からウロコ」でした。もちろん、単なる用語としてなら、高校の授業で聞いて知ってはいます。しかし、正しく理解したのは、このときがはじめてです。自分が無意識に使っている英語を、「実はこんな仕組みになっているのですよ」と、説明してもらっているようでした。

僕のように、途方もない試行錯誤（trial and error）の実践の中から自然に文法を学ぶのは、ごく限られた帰国子女か、英語環境にない日本国内においては、それだけの時間と労力を捧《ささ》げる覚悟を持った者にしかできません。もちろん、あまりに「形式」を偏重しすぎる憾《うら》みはあるものの、ここまで美しく英語を整理できる体系が、大学受験の世界にはあるのだと知り、これを使わずに英語を学ぶのは、本当にもったいないと思いました。

●人気講師になる

僕はすぐに人気が出て、校舎長から「二学期からほしいだけコマをあげる」と言われました（本当は夏期講習がほしかったのですが、すでにコマ組みは終わり、パンフレットも出来上がっていました）。予備校のコマ給はＥＣＣのざっと二倍で、とてもありがたい提案でしたが、秋までは現状の生活が続くことになります。節約のために、毎日、新宿から西巣鴨まで、二時間かけて徒歩で帰りました。

　僕の代名詞である「ロジカル・リーディング」が産声をあげたのは、この年の二学期、「英文速読」の授業中の「ひらめき」からです。校舎長の約束通り、二学期には、代々木のトフルアカデミーも含めて、断るのが大変なくらいのコマをオファーしていただき、僕はもちろん「英文速読」の担当を希望しました（僕にコマを入れるということは、他の先生のコマが減るということですが、当時はいわゆる「予備校バブル」の全盛期で、こうした弱肉強食はあたりまえのことでした）。

　英文速読では、九〇分の授業でテキストの読み合わせと、二、三枚の当日プリントを読みます。ある日、生徒たちが当日プリントの問題を解いているあいだに、自分はどう英文を読んでいるだろうかと考えていて、ふと、京都外大のESS時代に学んだディベートの「三角ロジック」を思い出しました。それを使って英文を解説すると、非常にうまくいったのです。

　考えてみれば、当然のことでした。のちに僕は三角ロジックを英語の「心の習慣」と説明するようになりますが、英語ネイティブが無意識的に従っている思考様式が三角ロジックであり、彼らはそれを使って、読み、書き、聞き、話しています。ディベートの構造は、そのまま英文の構造にほかなりません。僕はこの「ひらめき」から出発し、やはりのちに「ロジカル・リーディング」と呼ばれることになる英語長文読解法を体系化していきます。
トフル・ソフィアの講師には大学院生が多く、僕が関わった予備校の中では、群を抜いて知的でした。宗教学の奥山倫明《おくやまみちあき》先生（現南山大学教授）や経済学の久《く》保《ぼ》真《しん》先生（現関西学院大学教授）など、今ではそれぞれの学会の第一人者として活躍しておられる大学院生が教えていました。とりわけ二歳年下の久保さんとは、互いに大きな影響を及ぼし合い、今なお公私ともに親しくさせていただいています。

また、国際関係論の本田《ほんだ》幾子《いくこ》先生（現防衛医科大学校教授）のことも忘れられません。先の田中康夫さんの本にも登場する本田先生は、アメリカで長年暮らした帰国子女で、当時は東大の博士後期課程に在籍しておられました。僕が入った頃には、すでに「英文速読」で押しも押されもせぬ看板講師でした。僕が最初に「英文速読」の教材を見たとき、わずか九〇分でこれほど大量の英文を読ませるのは無理だ、と思いました。ところが、本田先生は余裕でこなしているといいます。

僕は、ひそかに本田先生の授業のテープを入手し、研究することにしました。驚いたことに、五〇〇―七〇〇ワード程度の早慶上智の長文問題を、「はい、三分」とか「はい、四分」と、恐ろしく厳しい制限時間で解かせ、その後、片っ端から生徒を当てて、一文ずつ読み上げさせ、和訳させせます。もたもたしていると、先生が音読や和訳をかぶせ、せきたてます。生徒のレベルに合わせるのではなく、あくまで力ずくで引っ張る「習うより慣れろ」式のスパルタ教育でした。

僕は、このストロング・スタイルを踏襲しながら、三角ロジックによるリーディング法を提示し、やがては講義形式の独自の授業スタイルを確立していきます。

●アメリカ研究へ

もちろん、研究生としてもがんばりました。何より、小浪先生の講義が圧巻でした。「アメリカ史は、高校の世界史で扱われているようなヨーロッパ史の一部ではない。西欧文明の基礎をそっくり受け継ぎ、異常なほどの自意識をもって、北米大陸の荒野に一歩一歩自由の新天地を切り開いていったアメリカの歴史は、同じ数百年でも、その密度がまったく違う」として、まるでその時代、その場所を見てきたかのように生き生きと語られるアメリカ史の授業は、感動と知的興奮の連続でした。

小浪先生は、東京外大から東大の大学院に進まれ、アメリカ科の主任だった中屋《なかや》健一《けんいち》先生からアメリカ史を学ばれました。その中屋先生が東大を退官され、まさに僕がＥＳＳの部室に通い詰めていた頃、京都外大でアメリカ史を教えておられたのです。それを知ったときはど、自分の愚かさを悔い、同時に「縁なき衆生《しゅじょう》は度し難し」という言葉の意味を痛感したことはありません。

元来、アングロ・サクソン系の歴史は物語的要素が強く、欧州大陸系の歴史にしばしば見られるような、壮大な体系的記述はほとんどありません。日本であれば時代小説でしかお目にかかれないような、信じられないほどの具体性をもって、歴史事象の推移が描写されます。もちろん、すべて事実に基づいて、です。

小浪先生のアメリカ研究は、こうした東大のアメリカ史をベースにしたものでした。つまり、アメリカとアメリカ人を語るには、必然的に、政治も語れば経済も語り、民族も語れば言語や地理、文化、宗教も語る、といった具合に、学際的で、ときに超ディシプリン的なアプローチが求められます。しかし何より、東大のアメリカ研究との決定的な違いは、外語大出身の小浪先生の出発点が、「英語」という「言葉」だったということです。

人間は「言葉」ですべてを語ります。「会話」はジャンルを選ぶことがありません。他大学や他学部のように、縦割りになった特定の厳格な学問分野《ディシプリン》にとらわれていては、自由な「会話」はできません。よく外国語大学の弱みは、ディシプリンがないことだと言われますが、それは同時に、比較的自由に諸学問を横断できるという強みでもあります。

そもそもコミュニケーションとは、全人的に相手と交わることです。コミュニケーションの実践に基づく地域研究こそ、小浪先生の学問の真骨頂だったと思います。

僕は、一年生と一緒にアメリカの歴代大統領と副大統領の名前を覚え、すべての州の場所と首都名を暗記しました。もちろん、フランス語も勉強しました。

一九九二年度からの博士課程設置による大学院改組に伴い、入学試験は一〇月に行われるようになり、僕は一一月には合格を決めました。最初の合格から四年越しで、ようやく小浪ゼミに入ることが許されたのです。ずっと待ち続けていてくださった小浪先生は、なんとも言えない笑顔で、「英語は一番だったよ」とおっしゃいました。そして、この不肖の弟子は、最後のゼミ長として、一九九五年の先生の最終講義（退官記念講演）を仕切ることになります。

●ゼミでの出会い

一九九二年四月、僕は東京外国語大学大学院地域文化研究科博士前期課程に入学、予備校は土曜も含めて週三回、大学院も週三回という非常にハードな毎日となりました。

小浪ゼミでは、呉善花《オソンファ》さん（現拓殖大学教授）と同期でした。一九九〇年に出版された『スカートの風』（三交社）がベストセラーとなり、日韓比較文化論で一躍時の人になっていた呉さんは、やはり研究生を経て、一九九一年に小浪ゼミに入っています。もし僕が最初の合格で入学していれば、接点はなかったことになります。本当に、縁とは異なものだと思います。

呉さんとの思い出はたくさんありますが、彼女が一九九六年に『攘夷《じょうい》の韓国　開国の日本』で山本七平《やまもとしちへい》賞を受賞したときのことです。小浪先生と僕の二人に、贈呈式への招待状が届きました。あいにく僕は予備校の授業で出席できず、後日、本が送られてきました。僕は、ページをめくりながら、涙が出そうになりました。

僕と出会った頃、プロテスタントの呉さんは、日本の神社を「気味が悪い」と忌み嫌っていました。神社は悪魔の巣窟《そうくつ》だから、早くそれが燃えてしまって、そこに十字架が立つように祈る、とも話していました。その呉さんが、この本では、飛鳥《あすか》から北九州、相模《さがみ》・武蔵《むさし》まで、徹底的な現地調査を通して、日本の神話や神社や仏寺と真正面から交わり、向き合っているのです。

僕は、すぐに呉さんに電話をしました。呉さんは、「小浪先生という素晴らしい先生や、横山さんをはじめとする素晴らしい仲間と出会い、本当に日本人を理解するために、神社は避けては通れませんでした」と言いました。信仰的で実存的な恐怖がどれほどのものか、そして、それを乗り越えることがどれほど難しいか、鞍馬《くらま》での経験を経ている僕には、よくわかります。まさに「共感」をもって対象を理解し、肯定可能命題を求める小浪先生の地域研究の実践であったと思います。

小浪先生は、アメリカを理解するためには、カナダを理解することが重要だとして、一九七九年の日本カナダ学会の創設に深く関わり、一九八八年から一九九二年までの四年間、会長も努めておられます。

こうしてアメリカ史から出発した小浪先生は、アメリカ・カナダ研究へと領域を広げ、さらに東京外大の学問的アイデンティティである「地域研究方法論」そのものの構築に向かわれます。僕は、先生の外語大での最後の三年間（研究生時代を含めれば四年間）に師事したことになります。

小浪先生は、東大大学院在学中に、フルブライト奨学生としてコロンビア大学大学院に留学、そこで国際関係論を学ばれ、帰国後は「歴代内閣の経済指南番」と呼ばれた木内信胤《きうちのぶたね》先生の「世界経済調査会」を主たる評論活動の場としておられました。木内先生は、「モンペルラン・ソサエティ」の副会長も務めたことがあり、世界経済調査会は、事実上の日本モンペルラン・ソサエティでした。

一九四七年、オーストリアの経済学者フリードリヒ・A・ハイエクの呼びかけで、世界中の自由主義への共鳴者たちが、スイスのモンペルランに集まります。モンペルラン・ソサエティは、この最初の開催地にちなんで名づけられた会の名称です。

ハイエクは、一九七四年にノーベル経済学賞を受賞しますが、この頃、世界経済調査会の招きで来日した際、彼が発表したという「三大消極価値《ネガティブ》」が、小浪先生の思想的なバックボーンとなっていました。

すなわち、「自由」とは「強制がない状態」、「正義」とは「不正が行われない状態」、「平和」とは「戦争がない状態」というように、自由、正義、平和の三つの究極的価値は、いずれも消極的にしか定義できない、という思想です。これらを積極的行動のためのスローガンとして用いると、「自由の強制」、「他面における不正義」、「平和のための戦争」という逆説《パラドクス》が生じる。人間の理性には、これら究極的価値を積極的に定義する能力はないというのが、ハイエクの生涯をかけた主張でした。

「不確定性や非決定性とともに生きる哲学」とも呼ぶべき、この人間の理性の能力に対する謙虚な態度こそ、一貫して小浪先生の学問の底に流れていたものだと思います。そもそも、呉さんや僕のような外様《とざま》の問題児を受け入れ、育ててくださったという事実が、モンペルラン思想を地で行く先生のリベラルさを物語っています。

ハイエクは、恣意《しい》的強制を排し、そこからひとりでに生まれてくる秩序を「自生《じせい》的秩序」(spontaneous order)とも「コスモス」(cosmos)とも呼びました。したがって、モンペルラン・ソサエティの年次大会で、発言者は自分の発言に対して何の拘束も咎《とが》めも受けず、通常、会としての議論の要約も、ましてや決議や共同宣言の発表などは一切行われません。彼らはともに再会を約束して帰るのみ、徹底した個人主義が貫かれています。

小浪ゼミもまた、モンペルラン・ソサエティに倣《なら》って、OB・OG会すら組織していなかったのですが、僕がゼミ長として〝KOSMOS〟という会を立ち上げ、機関紙を作りました。もちろん、ハイエクの「コスモス」に小浪の〝KO〟をかけたものです。しかし、やはりハイエクの思想に立ち、課税権ならぬ会費徴収権すらない自由な会で、その運営は、もっぱら僕と先生ご本人の自発的な持ち出しで行っていました。

OBで思い出すのは、ゴダイゴのタケカワユキヒデさんで、確か僕が中学三年のとき、ずっと大学を留年していたタケカワさんが、「ザ・ベストテン」という番組で「〇〇先生、単位ください」と書いた色紙を映して、懇願するシーンがありました。当時のゴダイゴは毎週連続一位の大ヒットを飛ばしており、東京外大への憧れもあって、非常に鮮明に記憶にありました。その色紙が、研究室の本棚に無造作に横にして置いてあったのです。「○○先生」とは「小浪先生」のことでした。

あのとき、三木《みき》の実家でブラウン管を通して見た色紙が、時空を超えて目の前にあり、しかもそれが小浪先生のことだった、と思うと、なんとも言えない気持ちになったのを覚えています。「横山くんにあげるよ」と言われたのですが、さすがにもらえませんでした。

先生の誕生日は一一月一五日で、ちょうど一九九二年は還暦の年でした。ゼミのみんなで還暦のお祝いの会を開くことになりました。僕は、西野バレエ団の演劇の脚本を翻訳し（もともとは小浪先生に依頼があったのですが、先生から僕に仕事が回ってきました）、その報酬を使って、町田の小田急百貨店で先生の油絵の肖像画を作成してもらい、サプライズでプレゼントしました。とても懐かしい思い出です。

●オムニボアへ、ゼミでの日々

小浪ゼミは、夏になると、決まって小浪先生の運転で軽井沢に行きました。中軽井沢には小浪先生の別荘があり、ゼミ生の人数が少ない年度は別荘で、多い年度は「白石荘」という民宿で合宿を開くのが、恒例でした。先生はドライブがお好きで、鬼押出し園《おにおしだ》や碓氷峠《うすいとうげ》など、いろいろな観光地に連れていってくださいました。

先生は、「横山くんはお寺にいたから」とおっしゃっては、ドライブしながら『法華経《ほけきょう》』の壮大な宇宙観・生命観について語り、鬼押出し園の散策路を歩いては、奇岩のあいだに生える高山植物について語り、鎌原観音堂《かんばらかんのんどう》の石段をのぼりながら浅間山《あさまやま》の噴火について語り、星野温泉の湯につかって軽井沢の歴史について語り、夜空の花火を見上げては、ひとつひとつの星座にまつわる神話について語られました。ゼミ生にとっては、その行くさきざきが、すべて学びの場でした。そして、夜遅くまで、それぞれのゼミ生の研究テーマについて、熱い議論を戦わせたのです。

先生の知は、まさに全方位的で、その関心は、人間存在や世界全体のすべての様態《ようたい》に向けられていました。先生の学問は、文字通り、世界を包み込むばかりに大きいものでした。

もちろん、先生の英語力は、東京外大の誰もが認めるところで、何かの小説で目にした「孤絶して屹立《きつりつ》する巨峰」という表現がふさわしかったと思います。

ＡＰＥＣやＪＳＡＣ（カナダ日本研究学会）の基調講演を英語でなさり、一九八七年の国際シンポジウム「地域研究と社会諸科学」では、日本人ではただ一人、英語で報告をし、同時通訳を使わずに討論されています（このとき同時通訳をなさったのが、前出の小浪ゼミOBの小西克哉さんでした）。僕の手元に、一九九四年にカナダのエドモントンで開かれたJSACの年次大会で、小浪先生が行われた基調講演の原稿がありますが、これだけの英語が書ける日本人を、僕はほかに知りません。

僕は、小浪先生から研究室の鍵を預かり、よく一人で留守番をしていました。ある日、誰もいない研究室で新しい英語の論文を読んでいたら、先生が入ってこられました。もうかれこれ一時間は読んでいたでしょうか、僕がまだ読み終わらないその論文を、先生は「どれ」と言って取り上げ、あっと言う間に読んでしまわれました。

僕が大学院の二年になり、フルブライト奨学金に応募したときのことです。今回はTOEFLにも周到な準備をして臨み、満点の677点を取ることができました（試験を終えて、一つも間違っていないという実感がはっきりありました）。ところが、アメリカの大学院に出願するには、TOEFLに加えてGREの受験を要求されます。これは大学院での勉強についていくだけの能力があるかどうかを判定するもので、アメリカ人も同じように受けなければなりません。

GREは、言語能力テスト、数学能力テスト、分析的能力テストの三分野から成っていて、僕は言語能力のテストのうち、とくに語彙《ごい》力を試す問題に四苦八苦していました。やはり研究室で一人で問題集を解いていたら、小浪先生が「貸してごらん」とおっしゃって、スラスラ解いてしまわれるのです。

また、フルブライト奨学金の推薦状をお願いしたとき、その場で用紙をタイプライターにセットしたかと思うと、まるで目の前に原稿があるかのように、いとも軽やかに打ち上げてしまわれました。まさしく同時通訳の神わざでした。

「こんな感じでどうかな」と手渡された英文は、なんとも見事で、改めて僕は先生の英語の実力に恐れ入ったのです。この推薦状には、"Mr. Yokoyama is a natural leader of my seminar."（横山くんは私のゼミの自生的なリーダーです）と書いてあり、僕は心から感動しました。

ちなみに、僕はこの年のフルブライト奨学金に合格するのですが、結局辞退することになります。予備校が難色を示したからです。すでに僕はトフル・ソフィアの看板講師になっていて、夏期講習の「英文速読」はもっとも早く締め切りを出し、前日から整理券を求める行列ができるようになっていました。比べるのもおこがましいことながら、ビジネスの市場原理が鳥山明《とりやまあきら》さんに「ドラゴンボール」の連載を終了させなかったことと似ているかもしれません。

僕にとっての小浪先生は、あくまで「アメリカ研究の先生」であり、「英語の先生」ではありませんでした。小西克哉さんの『「アカデミー賞」の英語』に寄せられた小浪先生の推薦文には、「私自身も若いころ、シナリオの英語を丸暗記したうえで映画を見に行くということを何度繰り返したことか。イギリスの名優・ジェイムズ・メイソンの発音に魅せられて、弁当を持って映画館に通ったこともある」とあります。学部の学生時代にはＥＳＳに入り、ディベートをしていたと、直接伺ったこともあります。先生がどうやって英語を学ばれたのか、もっとお話を聞いておくべきだったと、今になって悔やまれてなりません。

僕の小浪先生のもとでのアメリカ研究は、"The Two Kinds of Utilitarianism and the American Civilization（二つの功利主義とアメリカ文明）" というタイトルの修士論文として結実します。主としてヴァージニア植民地出身の「建国の父祖たち」に政治的方向づけを与えた「功利主義的個人主義」の伝統と、より古くマサチューセッツ植民地に発する「福音主義的神秘主義」という二つの伝統の絡み合いから、アメリカの思想史をとらえ直し、そこに一九六〇年代以降のニューエイジ運動を位置づける、というものでした。小浪先生のもとでなければ、決してできない研究でした。

僕が修論を提出したのは一九九五年、阪神・淡路大震災が起こった年です。震災当日、僕は修論執筆のために徹夜で起きていて、何気なくつけたテレビのテロップで、第一報に接しました。すぐに実家に電話をしましたがつながらず、次々と明らかになっていく神戸の様子に、ただ言葉もなく見入っていたことを思い出します。

同じ年、小浪先生は東京外国語大学をご退官になりました。最終講義（退官記念講演）は、「アメリカ研究と英語教育」という題目で二月二〇日に行われ、僕がゼミ長として取り仕切りました。

この講義の中で、アメリカ思想史研究の可能性として僕の修論に言及されるくだりもあり、僕は非常に驚くと同時に、鞍馬の管長さんがおっしゃった「道心《どうしん》の中に衣食《えじき》あり」という言葉を、しみじみかみしめていました。七年前の最初の合格で入学していたら、小浪先生の最後の弟子となり、しかも外様の僕が、こうして最終講義を手がけるなど、決してできないことでした。英語バカが英語に導かれ、道心に導かれて、はるばるここまで来たのです。

第6章　リストラの時代——大学院修了以後

●大学院を退学する

小浪《こなみ》先生は、東京外大をご退官になったあと、かねて関わりのあった千葉県八千代市《やちよし》の秀明《しゅうめい》大学の教授として赴任されました。僕は、最後まで研究室の整理を手伝い、先生が外語大を去られる日、先生と二人で、先生の車で、最後の荷物を運びました。その日は、どちらのキャンパスも春休みでがらんとしていて、さみしげな風景は、今もこの目に焼きついていてます。

もし小浪先生がおられたら、外語大の博士後期課程に進んだのですが、後任の教員は、外語大出身ではなく、しかも南部黒人史がご専門で、僕は迷わず小浪先生とともに外語大を去りました。

トフル・ソフィアではカリキュラム委員となり、とくに「英文速読」の教材作成にあたりながら日を立てていたところ、紹介で筑波《つくば》大学教授の荒木美智雄《あらきみちお》先生にお目にかかる機会を得ました。荒木先生は、「最後の百科全書家」と言われる宗教学者ミルチャ・エリアーデの日本人唯一の直弟子で、シカゴ大学で研究助手、講師を務め、帰国した方でした。

僕は、さまざまな宗教現象を「構造的普遍」と「歴史的・文化的特殊」の弁証法的な関係からとらえようとする荒木先生の「宗教史学」に非常に惹《ひ》かれました。とりわけ、「民衆宗教」（folk religion）という視点から語られる人間の「宗教的創造」は、これまで学んできた社会学的で機能主義的な宗教理解とはまったく異なっていて、僕のアメリカ思想史研究に大きな幅を持たせてくれるものだと直観しました。

僕は小浪先生にも相談し、筑波大学大学院博士課程哲学・思想研究科を受験することにしました。そして、一九九六年四月に入学を果たしたのです。三一歳になっていました。予備校は週三日、一日六コマという殺人的スケジュールの中、当時はまだ「つくばエクスプレス」は開通しておらず、東京駅八重洲口《やえすぐち》からつくばまで、シャトルバスで通いました。

アメリカ学会に入ったのは、この頃です。当時は推薦会員が二名必要で、小浪先生と荒木先生のお二人にお願いしました（荒木先生もアメリカ学会の会員でした）。小浪先生は四谷《よつや》にお住まいでしたので、入会申込書を持参して出かけると、横書きの推薦人署名欄の左側を空けて、右側に署名されました。明らかに、現在の指導教官である荒木先生を立ててのことだったと思います。宗教学ではさておき、少なくともアメリカ研究では小浪先生のほうがずっと先輩、しかも本流中の本流で、年齢も六歳上でした。そのさりげない心配りに、改めて「この師でよかった」と思ったことでした。

筑波の大学院で、唯一同志と呼べた存在が、五歳年上の山田政信《やまだまさのぶ》さん（現天理大学教授）でした。当時のことを述懐《じゅつかい》して、山田先生は、僕の公式サイトにこんな言葉を寄せてくださっています。

横山先生と私は筑波大学大学院博士課程哲学・思想研究科に一緒に入学しました。修士課程は横山先生が東京外国語大学、私が筑波大学でしたが、偶然にも地域研究研究科（当時）というところで学際的アプローチによる訓練を受けてきたという共通点がありました。私たちは「実存的な学問」を求めていましたが、今となればその志を「縁」として感じられるようになりました。あの頃も横山先生は、自分の全存在をあげて根源的な地平を切り開こうと前進しておられたことを、私はついこのあいだのように記憶しています。

しかし、僕はその年の八月には、退学届を出すことになります。あまりにも実存的ではない周りの若い学生たちに、うんざりしたからです。まるでピンセットと虫眼鏡で昆虫をいじくるように、他者の宗教体験を扱っていて、僕には到底耐えられるものではありませんでした。

かつて荒木先生は、ブライアン・ウィルソンという有名なイギリスの宗教社会学者に、「さまざまな宗教現象と取り組むことを通して、あなた自身が変わる、変えられることはなかったか」と問い、それに対して、ついにウィルソンの口から明快な答えはなかったそうです。実存的ではなかったのです。そして、荒木先生の学生たちが、ほかならぬ荒木先生が絶句させたウィルソンと同じだったということです。

●プロの予備校講師になる

僕は大学院生ではなくなり、自分はいったい社会的に「何者」として生きていくのかを決めなければならなくなりました。それは、広がりすぎた自分の関心領域をリストラし、職業(profession)を決めるということでした。

実は僕は、翌年の一九九七年四月に兵庫県赤穂市《あこうし》に開学される関西福祉大学から、専任教員にならないか、というお話をいただいていました。それと前後して、やはり同年春に、現代文の出口汪《でぐちひろし》先生が大阪で創設したＳＰＳ（スーパー・プレップ・スクール）という予備校が東京校を出すことになり、そちらからも出講のお誘いを受けていました。

僕は、悩んだ末、SPSで働くことにしました。プロの予備校講師として働くことに決めたのです。僕はいつからか、自分がこれまでトフル・ソフィアで作り上げてきた英文読解法を、より広く世に問いたい、具体的には本を出したい、と考えるようになっていました。SPSは『実況中継』シリーズで有名な語学春秋社と業務提携しており、同時に出版の話もいただいていました。

この後、急速に大学院重点化が進んで大学院進学者が激増し、博士号が大学教員採用の最低条件になっていくことを思うと、関西福祉大学のお話は本当にもったいなく、まさに千載一遇のチャンスだったのですが、大学は、僕にとってまだ「時節」ではなかったのです。

「ロジカル・リーディング」という名称がついたのは、SPS東京校の募集イベントにおいてです。僕が自分の講座紹介で「あえて言うならロジック・リーディング」と言ったところ、それを出口先生が「ロジカル・リーディング」と聞き違え、「いい名前だね」とおっしゃって、引くに引けなくなってしまったのです。いわば怪我の巧妙でついたこの名前が、以後全国の受験生に親しまれ、僕の代名詞になっていくとは、そのときは夢にも思っていませんでした。

こうして、僕はＳＰＳの講師として、教壇に立ちました。一九九七年八月には、僕のはじめての本となる『早わかり入試頻出評論用語』が、出口先生との共著で、語学春秋社から出版されます。僕は、ＰＡＲＴⅢの〈和英対照〉評論用語集を執筆しました。出口先生が選定した見出し約一〇〇語の評論用語に英語をあて、それぞれに英語の例文と和訳を用意する、という大変な作業でした。

僕は、その原稿を小浪先生に見ていただきました。ＪＲ四ツ谷駅前の「しんみち通り」の喫茶室ルノアールで、先生は長い時間をかけて丁寧に原稿を読み、アドバイスをくださいました。ところどころ、解説にはさんだコラムには、「僕が書いたみたいだね」と、笑っておっしゃいました。そして、その翌年の一九九八年、初の単著となる『横山英文速読入門講義の実況中継』（語学春秋社）が出版されました。

一九九九年五月、僕はもうひとつの大きな出会いを果たします。ずっと僕の心を大きく占めていた糸東流《しとうりゅう》空手道二代宗家、摩文仁賢榮《まぶにけんえい》先生です。毎週ＳＰＳ大阪校に出講していた僕に、週に一度、特別に稽古をしてくださることになったのです。空手の修行者であれば知らない者はない雲上人《うんじょうびと》であり、願ってもないお申し出に、以来一六年間、大阪出講がなくなっても、毎週欠かさず、先生の個人指導を受けに通いました。

こうして、僕はもう一度白帯を巻き、空手史に名を刻む拳聖《けんせい》の「最後の直弟子」となりました。英語は小浪先生、空手は摩文仁先生という最後の「二人のロールモデル」に、とうとう僕は行き着いたのです。

世界数百万の糸東流修行者の聖地「養秀館《ようしゅうかん》」は、大阪市港区市岡《いちおか》の奥まった路地にある小さな民家でした。ドアを開くなり、目の前には、四〇畳ほどの青畳《あおだたみ》敷きの道場が広がっていました。正面に神棚と仏壇、左端にはソファや机、テレビが置かれ、右奥に台所や風呂場がありました。要は、道場が生活空間なのであり、摩文仁先生は、奥様の千代子《ちよこ》夫人とともに、文字通り生活のすべてを空手と門弟のために捧《ささ》げておられました（寝起きは、二階でしておられました）。

当時八一歳、身長一五八センチの先生が繰り出す技（身体性）は、それまで僕が見聞きしてきたものとは、まったく違っていました。やがて稽古の折節に、先生の空手観や人生観を伺うようになりました。幼い頃から憧れた拳の巨人の肩の向こうには、かつて「手」と呼ばれていた古《いにしえ》の空手の技と心の世界が、無限に広がっていました。

これほどの宝を渡してはならないという思いが、二年後の二〇〇一年、先生のお話を僕が聞き書きでまとめた『武道空手への招待』（三交社）となります。このとき、出版に大きな力を貸してくれたのが、小浪ゼミのかつての盟友、呉善花《オソンファ》さんです。

一方、予備校講師としては、「ロジカル三部作」としてベストセラーになる『横山ロジカル・リーディング講義の実況中継』（二〇〇〇年）、『実戦演習①客観問題の解法』と『実戦演習②記述問題の解法』（ともに二〇〇一年）が世に出て、東進ハイスクール・東進衛星予備校への出講が決まりました。

東進ハイスクールとは専任の年俸契約を結び、二〇〇二年から二〇〇九年までの八年間、映像授業を行いました。ひとつ悔やまれるのは、秀明大学の英語の非常勤講師に空きが出て、小浪先生が僕を推薦してくださったのに、東進との契約で、それをお受けできなかったことです。

東進の専属にはなったものの、僕の講座は最難関大受験者が対象となっていた上に、カリキュラム全体の中でも、直前期に受講する「エンド講座」として位置づけられていて、実際の収録は、毎年ゴールデンウィーク明けの数週間で終わってしまっていました。つまり、大きな年俸報酬をもらいながら、実際には、ほとんど仕事をせず、好きなことをさせてもらっていました。

二〇〇三年、『武道空手への招待』がフランス語に翻訳されることになり、解説者となる糸東流の修行者で、ミッテラン元大統領の政治顧問だったエクスマルセイユ大学のブルーノ・エチエンヌ教授が来日されました。それが縁で、その夏にはコルシカ島に摩文仁先生に随行して空手指導に出かけました。

また、メキシコには摩文仁先生の古い門弟で、一九五〇年代に渡墨、現地ではじめて空手を指導して、「メキシコ空手の父」と呼ばれていた村田誠良《むらたのぶよし》先生がおられました。村田先生もまた『武道空手への招待』を読んで感銘を受け、やはり二〇〇三年の秋に、摩文仁先生の名代としてメキシコシティにお招きくださいました。

村田先生のお弟子さんには、日墨通商に貢献したことで知られる元商工大臣のエルミニオ・ブランコさんもおられ、メキシコシティではブランコさんにもお目にかかりました。シカゴ大学の大学院に留学しておられたというブランコさんは、もちろん非常に英語に堪能で、いろいろと英語で伝統的な空手の思想や身体について語り合いましたが、改めて僕が痛感したのは、英語には空手を説明する語彙《ごい》がない、ということでした。

●言葉と身体

この頃から、「いかに日本文化を英語に乗せるか」が、僕の大きな課題になっていました。それは、日本から新しい英語の語彙や表現を発信していくということにほかなりません。

ミルチャ・エリアーデは、「われわれに「宗教」以外の言葉がないのが残念である」と述べています。「宗教」(religion)は、せいぜい古代ローマにしか遡れない西洋古典の語彙であり、人類全体の宗教史を語るには十分ではないからです。エリアーデは「聖なるもの」もしくは「聖なるものの顕れ《あらわ》」という言葉で、世界各地の宗教現象をとらえようとしました。

空手を英語で語るのも同じことで、英語にはスポーツを語る語彙しかありません。そこで僕が注目したのが「身体」です。空手家ならではの立脚点だったと思います。たとえば、日本語に「させていただく」という言い回しがあります。これはただ、言葉の上でへりくだっているだけではありません。

今度、横断歩道で信号待ちをしていて、赤が青に替わったとき、自分がどのように歩き出すか、注意して観察してみてください。きっと、無意識のうちにいったん体重を後ろ足に乗せ、そのかかとで地面を蹴って歩き出すはずです。実は、これは「逆体《ぎゃくたい》」といって、西洋的な身体操作です。身体を一つの機械と見立て、いかに効率よく身体を操作して力やスピードを得るかを至上命題とする身体遣いです。

かつて近代化以前の日本人は、そのまま前につんのめるように、いわば重力に身を任せ、レトリックではなく、本当に地面に「歩かせていただいて」いました。かかとで歩く西洋流に対して、日本流ではつま先から歩くことになります。同じ側の手足が同時に前に出る「順《じゅん》体《たい》」の歩法で、「ナンバ」として知られます。「ナンバ」を一躍有名にした古武術研究家の甲《こう》野《の》善紀《よしのり》さんは「ひねらない、うねらない、ためない」と表現しておられますが、まさに「ひねって、うねって、ためる」西洋のスポーツとは真逆の身体遣いをしていたのです。

このように、言葉は身体によって裏打ちされ、リアルなものとなります。言語と身体、すなわち命題知（モード）と実践知（コード）は表裏一体のものなのです。

日本人の身体が西洋化され、近代化されたのは、もちろん明治維新においてです。西洋流の軍隊教練や民主主義的な体育教育によって推進されたと言われますが、衣食住が西洋化したことが最大の要因でしょう。着物に下駄《げた》や草履《ぞうり》の「和装」で、「ひねって、うねって、ためる」逆体の歩法をしたら、襟元《えりもと》は乱れ、履物《はきもの》は脱げてしまいます。こうして身体性（コード）が近代化すれば、必然的に思考（モード）も近代化していきます。

幸い、古い身体性に関心を持つ海外の空手愛好家には、エチエンヌ先生やブランコさんのような知識人が多くいます。僕は、彼らをはじめとする知識人に伝統的な空手の身体遣いを体験させ、その上で、彼らから新しい言葉や表現が生まれてくるのを待とうとしました。しかし、真の意味で古流空手の身体性を体現しているのは摩文仁先生ただ一人である上に、僕と一緒に稽古できるのが年に数日では、とてもうまくいくはずがありませんでした。

僕は日本の他の伝統的な身体遣いとその言語化を求めて、二〇〇四年の一一月には、福井在住の世界的書家、吉川壽一《よしかわじゅいち》先生をたずね、やはり毎週、泊まりがけで福井に通って、書を習いました。

●日本の身体を表現する

吉川先生は「バガボンド」や「蒼天航路《そうてんこうろ》」といった漫画の題字を手がけておられ、先生のご紹介で、週刊「モーニング」の初代編集長で、当時講談社の取締役だった栗原良幸《くりはらよしゆき》さんとお目にかかりました。二〇〇五年の五月のことでした。

栗原さんと知己を得て、僕は失われてしまった伝統的な日本の身体を表現する手段として、漫画の可能性に注目するようになりました。同じことを栗原さんも考えておられたようで、僕に「漫画原作をやってみないか」とお声がけくださいました。そして、週に一度、栗原さんの取締役室に通って、漫画原作に関する個人指導を受けるようになりました。

栗原学校に通いながら、二〇〇六年六月に、僕ははじめての一般書となる『高校生のための論理思考トレーニング』（ちくま新書）を出版しました。「ロジック」を英語の「心の習慣」ととらえ、このグローバル時代における「知的護身術」として、いかにロジックを日本語で運用するかをテーマにした本です。

その前提には、これ以上の野放図な日本語の英語化（ロジカル化）を許してはならない、日本の「国の個性」を守らなければならない、という思いがありました。この時期の英語講師としての僕の仕事は、英語そのものというよりは、その「心」である「ロジック」をいかに日本人に教えるか、いかに日本語でロジックを運用するか、ということに大きなウェイトを置いていました。

この本は、当時の文部科学省の施策であったSELHi《セルハイ》（スーパー・イングリッシュ・ランゲージ・ハイスクール）で注目され、渋谷教育学園渋谷中学校・高等学校など、いくつかの指定校で採用していただきました。渋谷教育学園は、東大はもちろん、ハーバード大学やプリンストン大学など、アメリカの名門大学にも多くの合格者を出していることで知られますが、先生方の勉強会にお招きいただいたり、モデル授業を見ていただいたりしました。

はじめての僕の一般書は、当時のちくま新書編集長、磯知七美《いそちなみ》さんがおられなければ、決して世に出ることはありませんでした。どこの馬の骨ともわからない予備校講師に、メジャーレーベルであるちくま新書を書かせるという磯さんの英断がなくして、その後の僕の執筆活動はなかったと思います。

この年、二〇〇六年の一一月一八日、小浪先生がお亡くなりになりました。七四歳、膀胱《ぼうこう》がんでした。全摘出手術をなさったあと、何度かお目にかかり、最後の入院前に交わしたメールには、「一緒にアメリカ史の本を書こう」とありました。つらい病床にあっても、前向きさと笑顔を絶やさず、口ぐせの「オッケー」と「抜群にいいね」を忘れなかったそうです。

僕は、呉善花さんと一緒に、四谷の聖イグナチオ教会で行われたお通夜に参列しました。僕が大学院に入学する年に先生に差し上げた年賀状について、「横山くんが『弟子にしてください』と書いてきたよ」と、嬉《うれ》しそうに話されていたということを聞き、僕は涙が止まりませんでした。

僕は、栗原学校で、糸東流空手道流祖の摩文仁賢和《まぶにけんわ》先生の幼少期を描いた原作を完成させました。それをやはり「モーニング」元編集長の木原康男《きはらやすお》さんがご覧になり、自ら担当したいと申し出てくださいました。木原さんは、「週刊少年ジャンプ」で伝説の名作「SLAM DUNK」の連載を終えた井上雄彦《いのうえたけひこ》さんを講談社の「モーニング」に引っ張り、「バガボンド」連載をしかけた立役者でした。

そして、さらに僕の原作を読んだ井上さんが、ぜひ僕に会いたいと言ってくださったのです。下北沢で会食したことを機縁に、僕は井上さんと毎週、新宿コズミックセンターで空手の稽古をするようになります。稽古は、二〇〇七年からほぼ二年続きました。

擬音語や擬態語も含め、現在の漫画の技法は、手塚治虫《てづかおさむ》さんに始まると言われます。それは基本的には、西洋近代の「ひねって、うねって、ためる」身体操作をわかりやすく表現する文法です。井上さんは、これを乗り越え、武蔵の剣の世界を絵にするという、独歩の境涯に挑んでいるように見えました。

「BRUTUS」(二〇〇八年七月一日号)のインタビューで、井上さんは、自身が体感することで、少しでも納得して描ける限界を引き上げるために空手を習っていると明かし、「身体の感じ方は間違いなく変わったと思います。僕は競技としての空手、試合に勝つということにはまったく興味がなくて、どのように動くのが最も理に適っているのか、どれだけ深く身体のことを理解できるか、そういうところにフォーカスした稽古でなければ意味がないと思っていました。そんな時、たまたまご縁で、そういう方との出会いがあったんです。このタイミングでお会いしたということには重い意味があるような気がしたので、やるしかない、と思って始めました」と答えてくださっています。

同インタビューには、空手を習っている効果は絵に表れていて、人間がただ立つだけのカットでも、以前描いたものは「立てていない」「浮いている」「これでは斬れない」というところが目につくようになった、とあります。身体だけではなく、その延長、体の一部として扱われる刀剣に対しても、認識が変化している、と。

こうした「バガボンド」の身体描写を、内田樹《うちだたつる》先生は「武道的な理想の達成の絵画的表現」と絶賛されました。失われた古《いにしえ》の「手」の世界を描けるとしたら、井上さんしかいない。そう、僕は確信を深めていました。

「バガボンド」がそろそろ連載終了するタイミングだったこともあり、木原さんも僕も、もしかしたら井上さんが描いてくれるかもしれない、という淡い期待を持っていました。そして、もし井上さんが作画してくれるなら、僕は予備校講師をやめよう、と覚悟を決めていました。その漫画は英語に翻訳され、必ず全世界で新たな言語創造が起こるに違いありませんでした。

ところが、井上さんは「バガボンド」の主人公・宮本武蔵《みやもとむさし》とあまりに一元的に一体となりすぎ、武蔵とともに「道」を生きる苦悩と葛藤を深めて、休載を繰り返します。

やむなく、僕は二〇〇九年から「週刊少年マガジン」で「ティジクン!」という空手漫画の原作を担当しました。それは、「バガボンド」の終了を待つあいだの苦肉の策でしたが、西洋近代の身体を表現するステロタイプな漫画の文法によって作画され、ストーリーも編集者によって大幅改変されることになり、わずか数ヶ月で打ち切りとなってしまいました(このときほど自分に絵が描けないことを憾《うら》んだことはありません)。

二〇〇二年以降、僕が取り組んできたことは、小浪先生の「開かれた世界秩序と国の個性」の探究にほかなりませんでした。先生は、グンナー・ミュルダールの『アジアのドラマ』を翻訳されて以来、「アジアの近代化」に強い関心を寄せておられましたが、僕はそのうち、「日本の近代化」を発展的に追求したことになります。ミュルダールは、一九七四年にハイエクとともにノーベル経済学賞を受賞したスウェーデンの社会経済学者です。

ちょうど井上さんと空手の稽古をしていた頃に出版した『大学受験に強くなる教養講座』(ちくまプリマー新書)は、小浪先生の地域研究方法論に僕独自の身体性という視点を加え、筑波大学で荒木先生から教わった宗教史学の知見も取り入れて完成させた「文明論」であり、僕の人生のすべてが「一つ」になったものでした。

この本は、帯に内田樹先生の推薦文をいただき、新しいリベラル・アーツの試みとして高い評価を受けましたが、同時に「身のほども知らず、予備校講師が学問を語っている」という批判もありました。もし同じ内容の本を大学教授が出していたら、きっと反応は違ったはずです。二〇〇六年の『高校生のための論理思考トレーニング』しかり、僕の出す本のタイトルに「高校生のための」とか「大学受験に強くなる」という冠がついてしまうのは、僕の社会との接点から販売戦略上しかたがないこととはいえ、内心とても悔しく、歯がゆい思いでした。

●生まれ故郷へ

このように、二〇〇二年以降、僕は予備校講師の枠を超えて仕事をしてきました。しかし、これらは、東進ハイスクールで年俸をもらいながら、現実にはほとんどまったく働かず、自由気ままに執筆や空手に打ち込めたからこそできたことでした。東進には日本を代表する各科目のトップ講師が集まっていますが、僕は片手間の、しかも利き手ではない左手で戦い、自分のやりたいことに全身全霊を注いでいました。それで十分戦えた、ということもありますし、井上雄彦さんという本物のカリスマと出会い、「この程度のハイではつまらない」と思ってしまった、ということもあります。

そんな僕に、他の講師から「横山を甘やかしすぎだ」という声があがってきます。当然のことだったと思います。常務から「年俸を今の三分の一に」というお話があり、僕は思い切って東進をやめることにしました。そして二〇一〇年の二月に、僕は生まれ育った兵庫県三木市に帰ってきたのです。

小浪先生が亡くなった二〇〇六年、実は母も同じ膀胱がんで、七月から筑波大学附属病院に入院していました。約三ヶ月に及ぶ膀胱温存療法の末、最終判定の病理検査の結果、わずかにがん細胞の残存が認められ、全摘出を勧められたのですが、僕がそれを拒否、三木に戻って漢方と鍼灸《しんきゅう》の治療を行っていました。できれば近くで暮らしたい、という思いがありました。

僕が東進をやめて三木に帰るにあたり、日本の伝統的な鍼灸を題材にした漫画を僕の原作で「モーニング」に連載させてもらえる、という約束を同誌の副編集長と交わしていました。

僕は、母の治療のために鍼灸について調べ尽くし、二〇〇八年には友人のカリスマ鍼灸師、寄金丈嗣《よりかねたけつぐ》さんの『ツボに訊《き》け!』(ちくま新書)のプロデュースまでしていました。

作画は、『中華一番!』の小川悦司《おがわえつし》さんに決まっていました。小川さんは、「日本の身体」を描くという僕の趣旨をよく理解してくださり、すでに東京で何度も打ち合わせを重ねていました。江戸時代の鍼灸研究の第一人者で、母の治療を引き受けてくださった長野仁《ながのひとし》先生(現森ノ宮医療大学大学院教授)の鍼術《しんじゅつ》を体験するために、神戸にも来てくださいました。ところが、待てど暮らせど、連載開始の連絡はありません。それもそのはず、不祥事によって、その副編集長は左遷されてしまっていたのです(漫画の場合、別の編集者の立ち上げた企画を引き継ぐことは、まずないそうです)。

空手では、二〇一〇年の八月に最高位である八段を允許《いんきょ》され、古武道専門誌「月刊秘伝」(BABジャパン)でいくつか記事を執筆していましたが、それでは到底大きな収入は見込めず、僕は神戸の予備校に出講してつなぎながら、ロジカル・リーディングのDVD教材を制作し、それを経済的な基盤にしようと考えました。助けてくれたのは、父でした。

横山家はもともと、小野市の粟生《あお》という地域一帯の地主でした。見渡す限りの田地田畑《でんちでんぱた》が横山家のものだったそうですが、明治維新により没落、当時の当主だった曽祖父《そうそふ》は出家し、祖父一家は流れ流れて、祖母の里である三木市にやってきました。三木市は「金物のまち」

で、そこで祖父は手引きのこぎりの「柄《え》」を製造する木工所を開きます。とはいえ、祖父は「ボンボン」ですから、実際には、父が身を粉《こ》にして働き、横山家を再興します。

僕がＤＶＤを制作するにあたり、金融機関から資金を借り入れるために、実家の土地と家屋を担保に入れることを、父は許してくれました。膀胱がんを患っていた母は、僕が三木に帰って少しした頃から認知症になり、父はその介護もしながら、職人として仕事場に立ち続けました。

二〇一五年一二月一九日、摩文仁賢榮先生が亡くなりました。九七歳でした。弟子入りして一六年、世界の空手修行者の頂点に立つ小さな巨人の肩に乗り、垣間《かいま》見せていただいた古の「手」の世界は、果てしなく青く広がる沖縄の海と空のようでした。最晩年の約二年は、左足を悪くされ、稽古のあいだも、お座りになったままになりました。それでも、「生きているあいだは修行中」とおっしゃり、座ったままでできる技の工夫に余念がありませんでした。

先生がお亡くなりになった日の夜、先生の安らかなお顔に、「長いあいだ、本当にお疲れさまでした」と声をかけました。そして、「もうこれで、痛い足を気にせず、思う存分稽古ができますね」と思ったら、涙が止まらなくなりました。

実は、その数日前に、父に胃がんが見つかっていました。翌年一月の検査の結果、かなり進行している上に、食道がんも併発しており、胃と食道を摘出し、残った胃の一部で食道を再建するという大手術を受けました。

しかし、すでに全身に転移していたのでしょう、一年後の二〇一七年、再発の宣告を受けます。それでも、父は死力を振り絞って仕事場に立ち続け、一一月四日、ついに動けなくなり、自らの意思で入院しました。その前日まで、受けた注文分を責任を持って製造してからの入院でした。父は、『カナモノガタリ——兵庫県・三木の伝統産業を歩く』（神戸新聞総合出版センター）で取り上げられた唯一の木工職人でしたが、やはり最後の最後まで、誇り高く「道」を歩いた人でした。

ちょうどこの頃、僕にはAbema TVの「偏差値32の田村淳《たむらあつし》が100日で青学一直線～学歴リベンジ～」という番組への出演オファーが来ていました。淳さんは、九月に青山学院大学受験を発表し、猛勉強を始めたものの、英語が思うように伸びず、残る約二ヶ月で何とかしてほしい、というのです。

父にいつ何があるかわからない中、祈るような気持ちで、僕は上京し、一一月七日の僕の誕生日に、「月刊秘伝」の企画で、世界でもっとも知られている「忍者」初見《はつみ》良昭《まさあき》先生と対談をさせていただきました。Abema TVのスタッフとの打ち合わせは翌八日の予定でした。

初見先生との対談を終え、ホテルに帰る途中、携帯電話が鳴りました。「明日、急遽《きゅうきょ》ある人物に会ってほしい」という内容でした。その人物とは、関西国際大学学長特別補佐の西尾《にしお》謙《けん》さんでした。三木市唯一の大学である関西国際大学のことは、もちろん知っていましたが、僕が三木在住であることを知った西尾さんが、ぜひ会いたい、と言ってくださったのです。

東京と関西を忙しく往復されている合間をぬって、Abema TVとの打ち合わせの前に、僕は西尾さんとお目にかかりました。

父がどんどん衰弱していく中、Abema TVの初収録は二七日と決まりました。何かあったら深夜でも必ず連絡してほしいと看護師長さんにお願いして、僕はふたたび二六日に上京します。

関西国際大学は、来春から専任教員として迎えたい、僕さえよければ、これからそのための学内調整に入る、とのことでした。一一月下旬といえば、すでに次年度のコマ組みも教員配置も、ほとんど確定している時期です。前代未聞の人事でした。

二七日の収録を終え、そのまま飛行機に飛び乗り、神戸から三木の病院に直行して、夜遅く、起きて待っていてくれた父に「関西国際大学で教えることになるよ」という報告をしました。父が逝ったのは、その三日後、三〇日のことです。行年《ぎょうねん》、八二歳でした。

僕は中学高校時代、「お金より大事なものはない」という父が、あまり好きではありませんでした。東進時代には、会社を設立して両親を役員にし、大きな報酬を支払って、親孝行の真似事をした気でもいました。事務処理能力では父を超えたと思い、それをあからさまに態度にも出していました。

父が亡くなった二ヶ月半後の二〇一八年二月一二日、父を追うように、母が亡くなりました。七八歳でした。父の入院中に熱を出し、同じ病院に入院していました。父が亡くなる二三時すぎ、認知症でわからないはずの母が、「どうしても（お父さんのいる）二階に行かなければならない」と言ってきかなかったそうです（母は五階にいました）。

両親が亡くなって、僕は言葉を失いました。僕がＤＶＤ販売を始めてから、税理士と相談し、事業が軌道に乗るまで二人の役員報酬は止まっていました。これまでの貯蓄があるから大丈夫、という言葉を信じてのことでしたが、実際には、二人は、僕が支払った役員報酬を一切使うことなく、預金していました。

金融機関から借りなくても、父は資金を出すことができました。しかし、それはあえてせず、妹には「あれ（雅彦《まさひこ》）にも、そういう勉強をさせておかないといけない」とだけ、言ったそうです（もちろん、妹は父母の資産のことは知りませんでした）。そして、木工で得た利益はすべて会社に入れ、自分たちは、わずかな年金で生活を営んでいました。父は先の先を見通し、自分がこれまで以上に働いて借金を返済する覚悟を決めた上で、僕のＤＶＤ制作を応援してくれていたのです。

父が入院前日までつけていた日記には、こんなふがいない息子をおもんぱかり、子供たちを心配する言葉が綴《つづ》られていました。末期がんでモルヒネも効かない激痛の中、「痛い」とも、「死ぬのが怖い」とも、自分のことは、ひとことも書かれていませんでした。

「お金より大事なものはない」という父の言葉は、「横山の者は残飯をあさって食べている」と噂《うわさ》されるほどの極貧の中を通り、世間の辛酸をなめ尽くして、横山家を復興させた父の本心だったと思います。しかし、「金」に「お」とついているように、父が言う「お金」は、単に英語のmoneyとは訳せないものです。資本主義の「貨幣」でも、その貨幣を至上のものとする「拝金主義」でもなく、そこに何百倍、いや何万倍もの「思い」がこもった「お金」でした。

●ふたたび英語教師に

僕は、偉そうに近代化について論じ、記号的に日本語を英語に置き換えることの問題を説きながら、一番身近で一番大事な人を、英語的、西洋近代的にしか理解していませんでした。はるばる遠くまで偉い先生をたずね歩いたけれど、自分の本当の先生は、実は最初からここにいたのだと、僕はようやく気づいたのでした。

見切り発車で東進をやめ、三木に帰ってきてからの数年間は、ただただ、父に心配と迷惑をかけるばかりでしたが、認知症が進み、がんを再発した母と、たくさんの時間を共有できた幸せな時間でもありました。

並んでお昼寝をしていたら、母が「雅彦《まさひこ》、雅彦」と小さな声で寝言を言いながら、やさしく頭を撫《な》でてくれたこと。生まれてはじめて母を背負い、今度こそ親孝行させてほしいと、次の世でも母親になってくれるよう、指切りをしたこと。生涯忘れることはありません。

母の四九日は、まるで繰り合わせたかのように三月三一日でした。その翌日の四月一日、僕は関西国際大学の准教授に着任しました。子どもの仕事に差し障ってはいけない、という母の、そして父の思いだったと、僕は信じています。

こうして、僕は「大学の英語の先生」になりました。東進をやめてから、父は「教えることは、おまえの天職だろう」と言い続けていました。その言葉の通り、僕はまた先生になりました。父母にならせてもらった「大学の先生」でした。

横山家の宗旨は、出家した曽祖父以来、顕本法華宗《けんぽんほっけしゅう》ですが、宗祖である日蓮聖人《にちれんしょうにん》は、他の宗祖に比べ、抜きん出て多くの慰めや励ましの手紙を信徒にしたためておられます。それらのうち、のちに『忘持経事《ぼうじきょうじ》』と名づけられる手紙の中で、日蓮聖人は「我《わ》が頭《こうべ》は父母《ぶも》の頭、我が足は父母の足、我が十指《じつし》は父母の十指、我が口は父母の口なり。譬《たと》えば種子《たね》と菓子《このみ》と、身《み》と影《かげ》とのごとし」と述べておられます。その通り、僕は父母の影（おかげ）であり、父母の思いがこうして服を着て、僕として生きているのだと、つくづく思います。

学生の誰も僕を知らず、ロジカル・リーディングも知らない中で、一から英語を教えるのは、とても大変でしたが、同時にとてもやりがいのある楽しい仕事でした。学生たちにとって、今や僕は「英会話の先生」です。英会話の先生に始まり、また英会話の先生に戻ってきたのです。

僕は、「英会話」とは、その人の人格がにじみ出てくるものだと思います。聞いたこと、読んだこと、学んだこと、すべてが、その人の英会話になります。

ですから、英会話は、英語の四技能そのものです。四技能は、いわば四角い柱で、相互に連関していて、どれか一つを単独で取り出すことは不可能です。相手の言うことが聞けなければ、会話になりません。つまり、話せません。上手に英語を書くためには、お手本となる英文をたくさん読まなければなりません。もちろん、本や雑誌を読まなければ、話す中身がありません。

予備校講師時代の僕は、その四角柱のうち、「リーディング」を正面に据えていました。受験勉強とは本来「大学入学後の学問の準備」なのですから、それがリーディングを中心とするのは当然のことです。大学四年間の学びの集大成は「卒業論文」であり、それを書くためには先行研究を読まなければなりません。順序をつけるなら、スピーキングやリスニングは、その次ということになります。

しかし、これは、コミュニケーションの道具としての「言葉」の本質を考えると、非常に特殊な学習のあり方です。世界には三〇〇〇とも六〇〇〇とも言われる多くの言語が存在しますが、すべての言語は話されています。書かれていない言語はあっても、話されていない言語はありません。つまり、言葉の本質は話すことにあります。英語学習の中心は、あくまでオーラシー（スピーキング）にあり、他の技能は、常にオーラシーに還元されるべきものです。

僕の知る英語の使い手たちは、例外なく、オーラシーを中心に英語を学んでいます。もちろん、僕自身の英語学習も、もとはオーラシーから出発しています。僕のロジカル・リーディングは、あくまでオーラシーを中心とする厳しい修行の中から生まれてきたものです。逆に、予備校講師にコミュニケーションとしての英語が使える人が少ないのは、最初から読解や文法を正面に据えてきたからです。

●これからの英語教育

現在、日本の英語教育は、小学校から英語を必修化し、中高でもスピーキングをメインにした四技能教育を行うなど、オーラシー重視の方向に大きく舵《かじ》を切ろうとしています。それはまったく理にかなった言語教育のあり方なのですが、問題は、その「方法」です。

福井の吉川壽一先生にはじめてお目にかかったとき、僕が非常に驚いた話があります。みなさんは、きっと学校の書写（習字）の授業で、「楷書《かいしょ》」が基本の書体だと教わったはずです。楷書のくずし字として行書《ぎょうしょ》、行書のくずし字として草書《そうしょ》、さらにそれらを応用した芸術的な書体として篆書《てんしょ》や隷書《れいしょ》が生まれたというのが、今日の書道の常識になっています。しかし、これは戦後の民主的な国語教育で決められたことであって、実は正反対なのだそうです。

文字の成立過程において、最初に登場したのは、篆書です。次に、篆書を簡略化して隷書、隷書を早書きして草書、草書を整えて行書、そして最後に楷書が生まれます。つまり、楷書はもっとも難しい究極の書体なのです。吉川先生は、本来この「流れ」を踏まえなければ、楷書は書けないのに、現行の書写教育では、逆の習い方をしていて、マスコミに出ている若い書家は、誰も楷書の線が引けていないとおっしゃっていました。

同じことが、空手においても言えます。戦後、わかりやすく民主的な集団指導を可能にするため、細かい技の名称を決め、「基本」が制定されました。最晩年の摩文仁先生は、何かに焦っているように見えました。教えれば教えるほど、自分の思う方向から逸《そ》れていく。自分の理想とする空手からは、ほど遠い空手を再生産してしまう。そんな苛立《いらだ》ちにも思えました。

これは、考えてみれば、あたりまえのことです。摩文仁先生は、戦後の民主主義的なマスプロ教育で空手を修行されてはいません。つまり、先生が抱えていたのは、「自分が習っていない方法」で、弟子を教えているという逆説でした。

東後《とうご》勝明《かつあき》先生は、一九九三年に『英会話　最後の挑戦——コミュニカティブ・アプローチによる最新学習法』（講談社）という本を出版し、ヨーロッパで生まれた新しい英語教育法の伝道師となられました。しかし、『英語ひとすじの道』を読んでもわかるように、先生ご自身は、決してコミュニカティブ・アプローチで英語を学んではおられません。摩文仁先生の空手と同じ逆説です。

現在、日本の英語教育の主流となっているコミュニカティブ・アプローチは、英語の「形式」の間違いにはとらわれず、「意味」や「コンテクスト」を優先して学ぶ方法です。しかし、これは、英語と同じ語族の言語を母語とし、したがって文法や語彙が応用しやすいヨーロッパだったからこそ成功した、という事実を忘れてはならないでしょう。

英語は、誰でも「形式」で使える、いわば算数のような言葉です。だからこそ、あの雑多な移民からなる多民族国家アメリカを一つの「国民国家」としてまとめる言語となり、今日のグローバル言語となったのです。

英語の「形式」には、ナラティブの「形式」と一文の「形式」があります。前者が「三角ロジック」、後者が「英文法」です。

言うまでもなく、三角ロジックは、もともとはアウトプット（ディベート）のための道具です。僕のロジカル・リーディングは、そのアウトプットの仕方を逆手に取ってインプット（読む）に生かした方法論でした。

インプットは、アウトプットあってのものです。自分で発音できない音は聞き取れない、発音できれば聞き取れる、というリスニングの道理と同じです。しかし、実質数ヶ月しかない受験勉強で、アウトプットの訓練に多くの時間を割くことはできず（ディベートの練習をすることは非現実的ですし、不可能です）、どうしても三角ロジックの基礎が弱くなってしまう憾《うら》みがありました。

『高校生のための論理思考トレーニング』は、そのような反省に立ち、もっぱら三角ロジックのアウトプット・トレーニングを試みたものです。渋谷教育学園がSELHiに採用してくださった理由も、まさにそこにありました。しかし、当時の僕の問題関心が「日本語のロジカル化」にあったため、この本のテーマは、あくまで日本語による三角ロジックの運用でした。

英語による三角ロジックの運用――ディベートをもっと日常レベルにおろした、いわば「ロジカル・スピーキング」の方法論を構築しなければなりません。そしてそれは、ロジカル・リーディングの生みの親としての僕の責任です。

●今こそ英文法を

一文の「形式」、すなわち英文法については「予備校の英語」、とりわけ駿台《すんだい》予備学校の伊《い》藤和夫《とうかずお》師の仕事を再評価すべきです。僕の友人のミュージシャンが、「ビートルズがすべてをやってしまった。今の音楽は、すべてさかのぼればビートルズがいる」と言ったことがあります。伊藤師は、まさに予備校業界におけるビートルズと言ってよく、一文の「形式」に関する限り、後続する予備校講師は、例外なく伊藤師の仕事の一側面を扱っているだけです。「予備校の英語」とは、すべての句・節を「名詞のかたまり」「形容詞のかたまり」「副詞のかたまり」のいずれかに分類し、「五文型」に還元するというものです。伊藤師において完成を見たこの「予備校の英語」は、いわゆる学校文法の基礎となっています。

「五文型」は、C・T・オニオンズというイギリスの英語学者が一九〇四年の *An Advanced English Syntax* で述べた「述部の五形式（five forms of the predicate）」をもとに、日本で独自の発展を見たもので、他の国では教えられていません。だからこそ、欧米初の最新の英語教授法をナイーブに信奉する人たちから、常に「ガラパゴスだ」と批判を受けてきたのですが、僕はこれほど日本人に向いていて、シンプルで、英語の構造を美しく説明できる体系をほかに知りません。それを徹底して教えるだけで、ＴＯＥＩＣのスコアが飛躍的に伸びることは、すでに僕が大学の授業で実証ずみです。

問題は、この体系が大学受験予備校の中から生まれたため、「オーラシーにどう生かすか」という視点がまったくないことです。つまり、予備校の英語講師たち自身、入試問題を解くことにしか、それを実用できません。話すことを目的としていないのですから、英語が話せないのはむしろあたりまえで、それを批判されるのは、ある意味で気の毒です。

僕が大学教員になって驚いたのは、学界と予備校界のあいだで、まったく相互乗り入れがないということでした。大学の英語教員は、予備校の英語教育の現状について何も知らず（予備校に通った経験のある教員は知っているはずですし、恩恵も蒙《こうむ》っているはずなのですが、知らないふりをしています）、予備校講師も大学で試みられている最新の教授法について何も知りません。とくに、外国人の教員は「五文型」の「ご」の字も知りませんから、受験英語と大学英語のあいだに連続性が一切なく、教育の効率がきわめて悪いと感じました。

もともと、予備校講師は大学教授が務め、学習参考書も大学教授が執筆していました。大学での学問の準備をする（予《あらかじ》め備える）場所が予備校である以上、それが当然ですし、理想的です。しかし、一九八〇年代後半から一九九〇年代前半までの「予備校バブル」で、予備校に生徒が殺到し、「プロの予備校講師」が登場します。ここから、両界の断絶は決定的になりました。とても社会的に胸を張れないような読み方や解き方が現れたという背景もあります。もちろん、この「玉石混交《ぎょくせきこんこう》」は、今も続いています。「予備校の英語」が学校英語の基礎を作った以上、日本で英語教育を受けた人なら、予備校に通っていなくても、多かれ少なかれ「予備校の英語」の影響を受けています（僕ですら、文法の用語は、ぼんやり知っていました）。

現在、大学で英語を教えている日本人の多くは、高校までに何らかの形で学んだ「予備校の英語」の「玉《ぎょく》」の部分を、それぞれの工夫で応用し、英語が使えるようになった人たちです。しかし、その相関作業ができるのは、卓抜した語学の才ある人間だけでしょう。「予備校の英語」をいかにオーラシーに生かせるかを、大学と予備校は、その垣根を乗り越え、ともに考えていくべきだと思います。

●英語バカ、再び

実は、「予備校の英語」をどうオーラシーに生かすかは、まさに現在のNHK「ラジオ英語会話」で、大西泰斗《おおにしひろと》先生が取り組んでおられることにほかなりません。その試みの価値は十分以上に評価した上で、やはり僕には、コミュニカティブ・アプローチの影響が強いと感じます。

この点で僕は、コミュニカティブ・アプローチ全盛によって追いやられてしまった「オーディオ・リンガル」の教授法に再注目したいのです。すでに述べたように、僕が講師を務めていた頃のＥＣＣ外語学院には、オーディオ・リンガル・メソッドに基づくパターン・プラクティスを行うドリルが、独自に開発されていました。ＥＣＣ内では、そのドリルの復活を求める声も大きいと聞きます。

一九七二年から一九八五年まで、一三年間の長きにわたり、東後先生が担当されたＮＨＫ「ラジオ英語会話」は、オーディオ・リンガル・メソッドによる素晴らしい番組でした。東後先生ご自身がコミュニカティブ・アプローチを提唱することで否定されてしまったのですが、この番組に毎日熱心に取り組んで、英語の使い手になった学習者が、全国にどれほどいたでしょうか。もちろん、僕もその一人です。

逆に、一九九〇年代以降のコミュニカティブ・アプローチは、誤解を恐れずにあえて言うなら、カタコトのブロークン・イングリッシュを大量生産しただけです（大西先生の「ハートで感じる英文法」は、その限界を補い、乗り越える試みとして登場したものでもあったと思います）。

「三角ロジック」と「英文法」という英語の「形式」を学ぶ。そして、ひたすら「オーディオ・リンガル」のパターン・プラクティスを繰り返すことで、学んだ「形式」の定着を図る。それが、僕の考える日本人のための英会話学習です。要は、あらゆる習いごとに共通する「稽古」です。あとは、その実践の場として、英語ネイティブとの自由会話の機会を持てばいいでしょう。幸い、コミュニカティブ・アプローチの普及によって、そのような機会は、むしろ非常に持ちやすくなっています。

最後に、英会話には「中身」がなければなりません。「リタラシー」です。そのためには、政治も学ばなければならない。経済も学ばなければならない。国際情勢も、各国の歴史も文化も、宗教も学ばなければならない。

そこで僕は、こうした英会話学習の「画竜点睛《がりょうてんせい》」として、「シヴィリゼーション・ウォッチング」という古くて新しい目的を与えたいのです。それは、「文明研究」としてのアメリカ研究です。

現在、世界ではグローバル化という名のアメリカ化が進行しています。世界のコカコラニゼーションやマクドナルド化と呼ばれる事態です。そのような中で、アメリカ化とは異なる近代化の可能性を考えることは、この時代を生きるすべての人々にとって、もっとも重要と言ってよい課題です。

それはすなわち、世界の国々が「国の個性」に生きることができる「開かれた世界秩序」とはどのようなものかを考えることであり、その意味で、英語教育にはまだ、「日本の民主化と自由経済化のあり方をアメリカに学ぶ」というアメリカ研究の目的があると、僕は思います。

これは、いつか見た光景です。しかし、より高いところからはるかに眺める〝new horizon〟です。僕がまた「英会話の先生」に戻ってきたように、社会としても、英語学習はらせん階段をのぼっているようです。

英語バカとしての道心《どうしん》に導かれ、長い旅路の果てに僕が行き着いたものは、「シヴィリゼーション・ウォッチング」としての英会話でした。と言うより、僕は自分の全人生をかけ、らせん階段をのぼるように、それを実践してきました。

今の日本からは、英語バカがいなくなってしまいました。それは、ロールモデルがいなくなってしまったからです。僕に英語への憧れを抱かせ、その背中で道の厳しさと楽しさを教えてくれた多くの「先生」たちのように、僕もまた、自分の学生たちのロールモデルになりたいと思います。僕自身が、死ぬ日までそのような英会話を求め、そして学生たちに伝えていきたい。そして、あわよくば、全国の多くの英語学習者のロールモデルになりたい。そんな大きな欲を、いま、僕は心に抱いているのです。

おわりに

僕が中学一年生のとき、英語の宿題をしながら困っていたとき、母がそっと寄ってきて、スラスラと英文を声に出して読んで、びっくりしたことがあります。僕の父は木工職人で、母もずっとその手伝いをしていましたから、母と英語がどうにも結びつかず、僕はびっくりしてしまいました。父が「影の舞」と評したくらい、生涯を通じて内助の功に徹した控えめな母が、僕に英語を教えてくれたのは、そのときが最初で最後です。

しかし、それもそのはず、母は三木市《みきし》の隣町である小野市《おのし》の出身で、のちに僕に大きな影響を与えることになる元ＮＨＫ「ラジオ英語会話」講師の東後勝明《とうごかつあき》先生と同じ兵庫県立小野高等学校の卒業生でした。小野高校はかつての小野藩の藩校、播州《ばんしゅう》地方では一、二を争う名門校です。母は東後先生より三つ年下ですが、早生まれなので、二学年違いということになります。少なくとも一年は、同じ学び舎《や》で学んでいたわけです。

卒業後は、保育園の先生をしていたようです。その才媛ぶりは学区内では知れ渡っていて、三木に嫁ぐと決まったとき、それを聞いた隣町の人が、「旦那さんはお幸せだ」と噂《うわさ》したほどだったそうです。

僕の実家の玄関には、書道部だったという母が揮毫《きごう》した書作品が屏風《びょうぶ》に表装されて飾ってあります。たずねてこられた方は、みな感嘆して、「立派な書家の作品ですか」とおっしゃいます。吉川壽一《よしかわじゅいち》先生に師事した目で見ても、気脈の通じた見事な書線です。

母は生涯、木工職人の妻として、木工仕事の手伝いと家事に生きました。僕が小学校五年生のときには、材木を裁断する丸鋸盤《まるのこばん》で、大けがをしたこともあります。書をはじめ、母がたしなんだあらゆる習いごとのうち、生かすことができたのは、せいぜい家族においしいごはんを作ってあげる調理師免許くらいだったでしょうか。

その母が、たった一度きり教えてくれた英語を追いかけ、僕は父母に大きな迷惑をかけながら英語人生を歩んでいくことになります。青春時代にはいろいろな夢を持っていたはずの父と母に、僕はどれほど多くの犠牲を強いてしまったのだろうかと思うと、ときどきいたたまれなくなります。

関西国際大学の着任の挨拶で、僕は「本当の意味でのノブレス・オブリージュを実践したい」と言いました。スポーツでも芸能でも学問でも、異才が出れば、その地域のみんなが大事に育てる。そうやって地域の援助を受け、立派に成長した者は、やがてその地域に恩返しをする。それがノブレス・オブリージュです。

僕が三木に帰ってきたばかりで、まだ母が認知症になる前、夕暮れどきに神戸に向かう電車に乗ろうとする僕に、母が「はよ帰っておいで」と、やさしく声をかけてくれるのが、妙に嬉《うれ》しく、懐かしい安心感を覚えたものです。

僕は、英語バカでした。あまりにまっすぐで、あまりに激しい異形《いぎょう》の者だったと思います。その僕を命がけで受け止め、応援し、育ててくれた両親は、もうこの世にいません。しかし、両親は、確かにこの三木のまちで、命を燃やして生きました。

僕は両親が生きたこのまちに、両親が持たせてくれたこの英語で、きっと恩返しをする。僕が、心に決めていることです。

最後になりましたが、本書は、僕が三木に帰ることになった二〇一〇年に、ちくまプリマー新書の僕の担当だった四條詠子《しじょうえいこ》さんが、「はなむけ」として、まったく違うタイトル案で企画登録してくださったものです。丸一〇年を経て、こうした形で本になったわけですが、もちろんこれは出版常識ではあり得ないこと、筑摩《ちくま》書房《しょぼう》のみなさんのご厚情には、ただただ、感謝の気持ちしかありません。

とりわけ、「書きます詐欺」を繰り返す僕を信じ、ずっと待ち続けてくださっていた四條さん、そして企画を引き継ぎ、やはりオオカミ少年のような僕に、あえてだまされ続けてくださった吉澤《よしざわ》麻衣子《まいこ》さんに、心からお礼を申し上げます。いざ本当に書き始めたら、わずか一ヶ月で脱稿してしまったことからも、きっと本書自身が、この時節を待ち続けていたのだと思います。

ちくまプリマー新書

096
大学受験に強くなる教養講座
横山雅彦
英語・現代文・小論文は三位一体である。本書では、それら入試問題に共通する「現代」を六つの角度から考察することで、読解の知的バックグラウンド構築を目指す。

243
完全独学！　無敵の英語勉強法
横山雅彦
受験英語ほど使える英語はない！「ロジカル・リーディング」を修得すれば、どんな英文も読めて、ネイティブとも渡り合えるようになる。独学英語勉強法の決定版。

051
これが正しい！　英語学習法
斎藤兆史《よしふみ》
英語の達人になるには、文法や読解など、基本の学習が欠かせない。「通じるだけ」を超えて、英語の楽しみを知りたい人たちへ、確かな力が身につく学習法を伝授。

097
英語は多読が一番！
クリストファー・ベルトン
渡辺順子訳
英語を楽しく学ぶには、物語の本をたくさん読むのが一番です。単語の意味を推測する方法から、レベル別本の選び方まで、いますぐ実践できる、最良の英語習得法。

194
ネイティブに伝わる「シンプル英作文」
デイビッド・セイン
森田修
学校で習った英作文を、ネイティブとコミュニケーションする時どう活かすか。文法、語法の勘所を押さえつつ、相手に伝えるための「シンプル英作文」のコツを伝授！

ちくまプリマー新書

ちくまプリマー新書

219
漢字の歴史
――古くて新しい文字の話
笹原宏之
3000年前中国で誕生した漢字。その数20万字と言われる。時々の人間の営為を反映し表出し試行錯誤しながら、今なお変わり続ける漢字の歴史を解き明かす。

220
辞書からみた日本語の歴史
今野真二
『漢字からみた日本語の歴史』続篇。現代において辞書は使うものだが、江戸以前は写す・記録するものだった。作り手・使い手の姿から各時代の日本語を活写する。

323
中高生からの 日本語の歴史
倉島節尚
言葉は人々の暮らしや文化を映し出す鏡です。日本語という謎に満ちた言語は、どのようにして私たちが今日知るような形になったのか。その全体像を明かします。

001
ちゃんと話すための敬語の本
橋本治
敬語ってむずかしいよね。でも、その歴史や成り立ちがわかれば、いつのまにか大人の言葉が身についていく。これさえ読めば、もう敬語なんかこわくない！

052
話し上手 聞き上手
齋藤孝
人間関係を上手に構築するためには、コミュニケーションの技術が欠かせない。要約、朗読、プレゼンテーションなどの課題を通じて、会話に必要な能力を鍛えよう。

ちくまプリマー新書

160 図書館で調べる　高田高史
ネットで検索→解決の、ありきたりな調べものから脱出するには。図書館の達人が、基本から奥の手まで、あなたにしかできない「情報のひねり出し方」を伝授します。

186 コミュニケーションを学ぶ　高田明典
コミュニケーションは学んで至る「技術」である。状況や目的、相手を考慮した各種テクニックを解説し、スキルを身につけ精神を理解するための実践的入門書。

191 ことばの発達の謎を解く　今井むつみ
単語も文法も知らない赤ちゃんが、なぜ母語を使いこなせるようになるのか。発達心理学、認知科学の視点から、思考の道具であることばを獲得するプロセスを描く。

221 たったひとつの「真実」なんてない
――メディアは何を伝えているのか？　森達也
今見ているものは現実の一部で、真実はひとつではない。でもメディアは最初から嘘なのだというのは間違い。大切なことは正しく見、聞き、そして考えること。

224 型で習得！　中高生からの文章術　樋口裕一
小論文・作文・読書感想文・レポート・自己PR書など、学校や受験で必要なあらゆる種類の文章を簡単に書くコツを「小論文の神様」の異名を持つ著者が伝授。

ちくまプリマー新書

232
「私」を伝える文章作法
森下育彦
書き言葉には声音や表情や身振りがない。自分らしく、自分の言葉で書くにはどうすればいいのか？　ちょっとした工夫と準備で誰でも身に付く文章作法を紹介！

233
世界が変わるプログラム入門
山本貴光
新しいコンピュータの使い方を発見しよう！　たかが技術と侮るなかれ。プログラムの書き方を学べば世界を変えられるし、世界も違って見えてくる。

235
本屋になりたい
――この島の本を売る
宇田智子
高野文子絵
東京の巨大新刊書店店員から那覇の狭小古書店店主へ、沖縄の「地産地消」の本の世界に飛び込んだ。仕事の試行錯誤の中で、本と人と本屋について考えた。

251
写真のなかの「わたし」
――ポートレイトの歴史を読む
鳥原学
だれもが撮り撮られるポートレイト写真。その意味と役割はどう変わってきたのかを、写真の誕生からプリクラ、コスプレ写真、自撮りブームまでたどり、読み解く。

263
新聞力
――できる人はこう読んでいる
齋藤孝
記事を切り取り、書きこみ、まとめる。身体ごとで読めば社会を生き抜く力、新聞力がついてくる。効果的なメソッドを通して、グローバル時代の教養を身につけよう。

ちくまプリマー新書

273 人はなぜ物語を求めるのか　千野帽子
人は人生に起こる様々なことに意味付けし物語として認識することなしには生きられません。それはどうしてなのか？　その仕組みは何だろうか？

278 大人を黙らせるインターネットの歩き方　小木曽健
「ネットは危険！」「スマホなんて勉強の邪魔」？　そんなお説教はもうたくさん！　大人も知らない無敵の「ネットの歩き方」――親と先生にはバレずに読もう。

280 高校図書館デイズ――生徒と司書の本をめぐる語らい　成田康子
北海道・札幌南高校の図書館。そこを訪れる生徒たちが、本を介し司書の先生に問わず語りする。生徒の人数分だけある、それぞれの青春と本とのかけがえのない話。

296 高校生のためのゲームで考える人工知能　三宅陽一郎　山本貴光
今やデジタルゲームに欠かせない人工知能。どうすれば楽しいゲームになるか。その制作方法を通して、人工知能とは何か、知性や生き物らしさとは何かを考える。

299 本質をつかむ聞く力――ニュースの現場から　松原耕二
真偽不明の情報が溢れる今の時代、都合のいいことだけを声高に言う人やフェイクニュースに惑わされないために、本質を見極め、真実の声を聞くことが大切だ。

ちくまプリマー新書

311
5日で学べて一生使える！
レポート・論文の教科書
小川仁志
こんな入門書がほしかった！　情報の調べ方、本の読み方から人の心をつかむ文章法まで、知りたかったワザがこれ一冊で一気にわかる！　本物の添削レポート付き。

325
5日で学べて一生使える！
プレゼンの教科書
小川仁志
伝える力はこれからの時代、誰もが身につけるべき必須のスキル。話の組み立て方から、人を惹きつけ、芯から納得させるための技法まで、アイデア満載の必読書。

315
高校生からのリーダーシップ入門
日向野幹也
急速に変化する社会の中で、問題解決に力を発揮すると同時に、学びや生活の場を豊かにする新しいリーダーシップとは何か。その本質を学んで身につけよう。

320
その情報はどこから？
――ネット時代の情報選別力
猪谷千香
日々、空気のように周りを囲んでいる情報群。その中から私達は何をどのように選べばいいのか。情報の海で溺れないために大切なことを教える一冊。

326
物語は人生を救うのか
千野帽子
世界を解釈し理解するためにストーリーがあった方が、人は幸福だったり、生きやすかったりします。私たちの周りに溢れているストーリーとは何？

ちくまプリマー新書

021 木のことば　森のことば　高田宏

息をのむような美しさと、怪異ともいうべき荒々しさをあわせ持つ森の世界。耳をすますと、生命の息吹が聞こえてくる。さあ、静かなドラマに満ちた自然の中へ。

033 おもしろ古典教室　上野誠

「古典なんて何の役にも立ちません！　私も古典の授業が嫌いでした！」こう言いきる著者が、「おもしろい」を入り口に、現代に花開く古典の楽しみ方を伝授する。

053 物語の役割　小川洋子

私たちは日々受け入れられない現実を、自分の心の形に合うように転換している。誰もが作り出し、必要としている物語を、言葉で表現していくことの喜びを伝える。

062 未来形の読書術　石原千秋

私たちは、なぜ本を読むのだろう。「読めばわかる」というレベルを超えて、世界の果てまで「自分」を追いかけていく、めまいがしそうな試みこそ、読書の楽しみだ。

093 受験生のための一夜漬け漢文教室　山田史生

「漢文？　パス！」という多くの受験生に送る苦手克服の虎の巻。漢文は日本語だという基本をおさえれば、センター試験レベルなら一晩で楽勝。効果絶大の個人授業。

ちくまプリマー新書

106 多読術 松岡正剛

読書の楽しみを知れば、自然と多くの本が読めます。著者の読書遍歴をふりかえり日頃の読書の方法を紹介。さまざまな本を交えながら、多読のコツを伝授します。

159 友達がいないということ 小谷野敦

「便所めし」という言葉があるが、友達がいないということは、「もてない」よりもつらいかもしれない。文学作品を始め、さまざまな視点から描く、ネット時代の友達論。

170 孔子はこう考えた 山田史生

「自分はなにがしたくて、なにができるのか」――そんな不安にも『論語』はゆるりと寄り添ってくれる。若い人に向けた、一番易しい『論語』入門。

210 気ままに漢詩キブン 足立幸代編著 三上英司監修

「難しくてよくわからない」と敬遠されがちな漢詩。そんな漢詩のおもしろさを、現代的なキャッチコピー・感性豊かな現代語訳・親しみやすいイラストで紹介する。

216 古典を読んでみましょう 橋本治

古典は、とっつきづらくて分かりにくいものと思われがちだ。でも、どれもがふんぞり返って立派なものでもない。さまざまな作品をとり上げ、その魅力に迫る。

ちくまプリマー新書

242 超入門！　現代文学理論講座
亀井秀雄監修　蓼沼正美
従来の作家論や作品論による作品読解ではなく、現代文学理論による作品読解を高校生になじみ深い作品や作家で実践的に解説。旧知の作品の新たな魅力を発見する。

301 翻訳ってなんだろう？——あの名作を訳してみる
鴻巣友季子
翻訳とは、一言一句を見つめて「深い読書」をすることだ！　誰もが知っているあの名作を紙上で翻訳しながら読み解く、まったく新しい「翻訳読書」のススメ！

276 はじめての哲学的思考
苫野一徳
哲学は物事の本質を見極める、力強い思考法を生み出してきた。誰もが納得できる考えに到達するためのその思考法のエッセンスを、初学者にも理解できるよう伝える。

287 なぜと問うのはなぜだろう
吉田夏彦
ある／ないとはどういうことか？　人は死んだらどこへ行くのか——永遠の問いに自分の答えをみつけるための、哲学的思考法への誘い。伝説の名著、待望の復刊！

329 何のための「教養」か
桑子敏雄
単なる〝飾り〟か、それとも〝命綱〟か。教養の力で人びとの合意形成を図る「地を這う哲学者」が斬り込む。すぐれた選択を導く知、思慮深さとはどういうもの？

ちくまプリマー新書

332
宇宙はなぜ哲学の問題になるのか
伊藤邦武

「宇宙に果てはあるか」「広大な宇宙の片隅の私達は何者か」。プラトンもカントもウィトゲンシュタインも、哲学的思考の出発点は宇宙だった。謎の極限への大冒険。

226
何のために「学ぶ」のか
――〈中学生からの大学講義〉1
外山滋比古／前田英樹
今福龍太／茂木健一郎

大事なのは知識じゃない。正解のない問いを、考え続けるための知恵である。変化の激しい時代を生きる若い人たちへ、学びの達人たちが語る、心に響くメッセージ。

227
考える方法
――〈中学生からの大学講義〉2
永井均／池内了
管啓次郎／萱野稔人

世の中には、言葉で表現できないことや答えのない問題がたくさんある。簡単に結論に飛びつかないために、考える達人が物事を解きほぐすことの豊かさを伝える。

305
学ぶということ
――続・中学生からの大学講義1
桐光学園＋
ちくまプリマー新書編集部編

受験突破だけが目標じゃない。学び、考え続ければ重い扉が開くこともある。変化の激しい時代を生きる若い人たちへ、先達が伝える、これからの学びかた・考えかた。

306
歴史の読みかた
――続・中学生からの大学講義2
桐光学園＋
ちくまプリマー新書編集部編

人類の長い歩みには、「これから」を学ぶヒントがいっぱいつまっている。その読み解きかたを先達に学び、君たち自身の手で未来をつくっていこう！

chikuma primer shinsho

ちくまプリマー新書348

英語《えいご》バカのすすめ――私《わたし》はこうして英語《えいご》を学《まな》んだ

二〇二〇年三月十日　初版第一刷発行

著者　横山雅彦（よこやま・まさひこ）

装幀　クラフト・エヴィング商會

発行者　喜入冬子

発行所　株式会社筑摩書房
東京都台東区蔵前二-五-三　〒一一一-八七五五
電話番号　〇三-五六八七-二六〇一（代表）

印刷・製本　中央精版印刷株式会社

ISBN978-4-480-68373-1 C0282 Printed in Japan
© YOKOYAMA MASAHIKO 2020
乱丁・落丁本の場合は、送料小社負担でお取り替えいたします。
本書をコピー、スキャニング等の方法により無許諾で複製することは、法令に規定された場合を除いて禁止されています。請負業者等の第三者によるデジタル化は一切認められていませんので、ご注意ください。